日商
プログラミング検定

BASIC

公式ガイドブック

日本商工会議所プログラミング検定研究会編

はじめに（BASIC）

　AI、IoT など IT 利活用の高度化・多様化により第4次産業革命が進行するなか、小学校からの必修化や大学入学共通テストにおける導入をはじめ、プログラミング教育が大きな注目を集めております。企業活動においては、IT 需要の増大により IT 企業の人材不足が深刻化しており、ユーザー企業においても IT スキルを持つ人材がいないことが大きな経営課題となっております。

　こうした状況を踏まえ、日本商工会議所では、情報技術の基盤となるプログラミングスキルの習得を促進・支援するとともに、企業の IT 化支援および IT リテラシー強化に資することを目的として「日商プログラミング検定試験」を創設いたしました。

　同検定は、基本的なプログラミングスキルの習得を支援するもので、年齢、職業等を問わず幅広く多くの方々に学習・受験いただける試験としており、学習の進捗度に応じて初学者から段階的に受験できるよう4つのレベルを設定しております。このうち BASIC レベルは、プログラミングに関する IT の基本知識や簡単なアルゴリズムに関する知識を問う内容となっております。

　本書は同検定「BASIC」の受験に際し、身につけていただきたい知識・スキルを提示・解説し、効率的に学習を進めていただく一助となるよう作成した公式ガイドブックです。

　本書を検定試験合格への「道標」としてご活用いただくとともに、習得した知識やスキルを活かして、実社会においてますますご活躍されることを願ってやみません。

2019 年 10 月

日本商工会議所

日商プログラミング検定について

　日商プログラミング検定とは、日本商工会議所・各地商工会議所が主催するプログラミングに関する検定で、IT人材の育成に資するため、プログラミングに関する基本知識・スキルを体系的に習得する機会や学習支援の仕組みを提供するとともに、習得レベルを測定・認定する、新たな検定試験・認定制度です。

　試験概要、各レベルの試験内容は次のとおりです。

試験概要

受験資格	制限なし
試験方式	インターネットを介して試験の実施、採点、合否判定を行うネット試験
試験日	試験会場で随時受験が可能（試験会場が日時を指定）
申込方法	受験を希望するネット試験会場へ直接申し込み https://links.kentei.ne.jp/organization/
受験料（税別）	ENTRY　3,000円　　BASIC　4,000円　　STANDARD　5,000円 EXPERT　6,000円

試験内容

	ENTRY（エントリー）	BASIC(ベーシック)	STANDARD(スタンダード)	EXPERT（エキスパート）
出題形式 試験時間	択一知識問題 30分	択一知識問題 40分	択一知識問題 30分 プログラミング実技 30分	択一知識問題 40分 プログラミング実技 40分
合格基準	70点以上	70点以上	知識科目　70点以上 実技科目　3問完答	知識科目　70点以上 実技科目　3問完答
言語	Scratch (Scratch3.0に対応)	言語によらない	Java、C言語、VBA Python（予定）	Java、C言語、VBA Python（予定）

BASICの試験範囲・学習項目

　BASIC試験は、いずれも択一問題で、第1問:知識問題（25問）、第2問:穴埋め問題（2問）、第3問:読解問題（1問）で構成されます。試験範囲・学習項目は以下の通りです。

BASIC	
1. コンピュータの仕組み 2. ハードウェアとアーキテクチャ 3. ソフトウェア 4. 2進法、8進法、16進法 5. 情報表現	6. 流れ図 7. データ構造 8. オペレーティングシステム 9. 情報セキュリティ 10. アルゴリズム

★第1問：知識問題サンプル画面

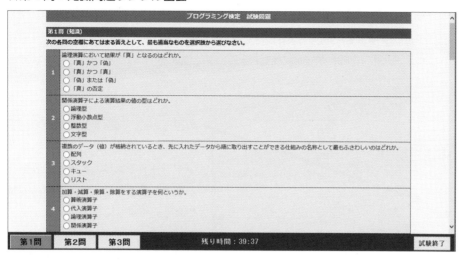

★第2問：穴埋め問題サンプル画面

★第3問：読解問題サンプル画面

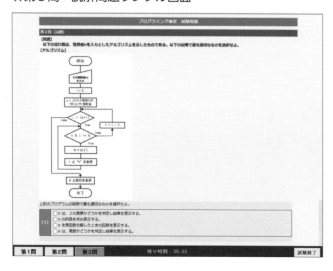

本書の使い方

　本書は、日商プログラミング検定 BASIC の対策教材です。

　日商プログラミング検定 BASIC で問われる、プログラミングに関する IT の基本知識、簡単なアルゴリズムについて、解説しています。

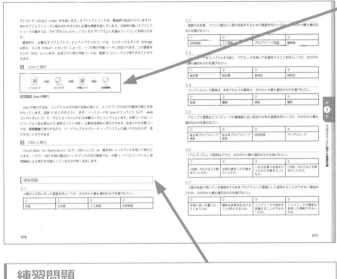

項目ごとに、図解を交えながら、丁寧に解説しています。太字部分はキーワードであり、択一知識問題でも問われるところです。きちんとおさえておくようにしましょう。

練習問題

　章末には、「練習問題」がついています。学んだ内容がきちんと定着しているか、確認してみましょう。

第 8 章には、試行試験で問われた問題を掲載しています。学習の総仕上げに解いてみましょう。

★読者サポート

　日商プログラミング検定では、下記の公式ページにおいて、サンプル問題や、受験方法（試験会場の検索）など、試験全般に役立つ情報を掲載しておりますので、ぜひ、参考にしてください。

https://www.kentei.ne.jp/pg

Contents

第0章　はじめに　　10

第1章　情報の表現　　16

第2章　コンピュータの仕組み　　40

第 **0** 章

はじめに

　現在では、コンピュータは社会の中で至るところに存在し、単に「計算」に用いられるだけでなく、さまざまな場面で活用されています。

　デスクトップコンピュータ、ノートパソコン、タブレットパソコンといったいわゆるコンピュータの形をしたものだけではなく、テレビ、炊飯器、電話といった家電製品、車や IC カードといった通常コンピュータの形をしていないものにまでコンピュータが組込まれています。さらに、色々な場面で活用されているロボットの頭脳の代わりをするのもコンピュータです。

■ コンピュータとは

　コンピュータは人間が作り出した、**はじめての「目的をもたない機械」**だといわれています。コンピュータの電源を入れただけでは何もしてくれません。コンピュータを活用するためには、「プログラム」によってコンピュータに命令を出す必要があります。プログラムは、コンピュータという目的をもたない機械を、人間の目的に応じてワープロや表計算など事務処理をする機械にし、さらに、ゲーム機、テレビ、電話、ロボットといった役割を与えることができます。

> 別の言い方をすれば、プログラムの力を借りてどのようなものにもなれる**万能の機械**です。

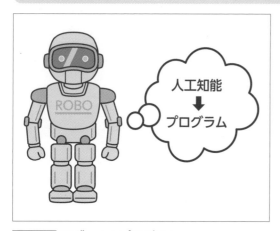

図表 0-1 ロボットとプログラム

図表 0-2 スマートフォンとプログラム

■ ハードウェアとソフトウェア

　次に、コンピュータを簡単に示すと以下のようなイメージです。コンピュータは**ハードウェア**とソフトウェアで構成され、ソフトウェアはさらに**基本ソフトウェア（OS など）**とアプリケーションソフトウェアで構成されます。

> コンピュータ分野でソフトウェアという語は、ハードウェアの対比語として用いられる語です。ソフトウェアという語は、プログラムだけでなく関連する文書も指すことがあります。

ハードウェア	目に見える筐体や、構成する装置などの総称で「金物」という意味。
ソフトウェア	プログラムというハードウェアへの命令の集まり。
基本ソフトウェア	オペレーティングシステム（OS）などコンピュータに必要な管理・制御などを行う基本的な機能のプログラムの総称。
アプリケーションソフトウェア	応用ソフトウェアという意味で、ゲームや事務処理のような特定の仕事をさせるプログラムの総称。

図表 0-3 ハードウェアとソフトウェア

> 　基本ソフトウェアの例として、パソコンのマウス（ハードウェア）を物理的に動かしたとき、画面にその動きが反映されるプログラムなどがあげられます。
> 　また、アプリケーションソフトウェアは、最近ではアプリといわれます。

　このように、コンピュータに仕事をさせるためには、プログラムを作成し、アプリとしてコンピュータへ逐一命令を送る必要がありますが、プログラムを作成することを**プログラミング**といい、プログラムに従って、コンピュータに仕事をさせることを**実行**といいます。

ハードウェアの構成

コンピュータは、「プログラムの力を借りてどのようなものにもなれる万能の機械」であることは既に述べましたが、「万能になるために」ハードウェア構成も非常に柔軟に変えることができます。

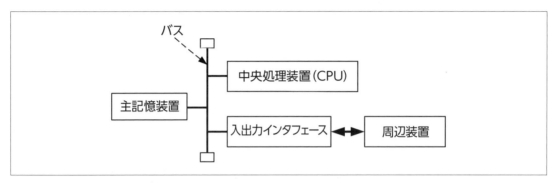

中央処理装置 (Central Processing Unit、CPU)	コンピュータの中心に位置し「計算」を司ります。演算装置、制御装置から成ります。
主記憶装置	主メモリともいい、情報を蓄える装置です。
バス	人間に例えると背骨にあたり、重要な情報をコンピュータ全体に伝達する役目があります。中央処理装置と主記憶装置はバスで繋がれ、装置間で非常に高速に情報をやりとりすることができます。
周辺装置 (Device、デバイス)	入出力インタフェース（Input／Output Interface）を通してバスに繋がれています。

図表 0-4 ハードウェアの構成

中央処理装置と主記憶装置以外の装置はバスから離れた位置にあり、情報の流れを制御するために、装置ごとに異なった入出力インタフェースが必要になります。

例えば、入力装置であるキーボートは、人間から入力された文字情報を電気信号に比べると非常に遅い速度で主記憶装置や中央処理装置へ伝達する必要があるため、伝達を制御する必要があります。また、バスからは遠い位置にあるために、情報を増幅することも必要です。以上の制御をするのがキーボードの入出力インタフェースとしての機能になります。

また、コンピュータに仕事をさせる際には、必要な装置を好きなだけ接続し、必要のない装置は外すことができます。これをバスに接続するか、外すかで決めることができます。例えば、「計算」を司る中央処理装置も複数接続することができ、これを**マルチプロセッサシステム**といいます。

通常は、１つの中央処理装置で構成されるため、**シングルプロセッサシステム**といいます。

プログラムの動作

　ここでは、ソフトウェアの中でも、身近なものであるアプリが、どのようにコンピュータを動作させているか説明します。

　まず、プログラムは、主記憶装置に格納され、各命令を順番に中央処理装置に送ることによって実行することができます。命令は、おおよそ、**オペコード、オペランド、結果の格納場所**から構成されています。

　下の図は、加算を行う加算命令の例を示しており、下記の命令が中央処理装置に順に送られ、解釈され実行されます。

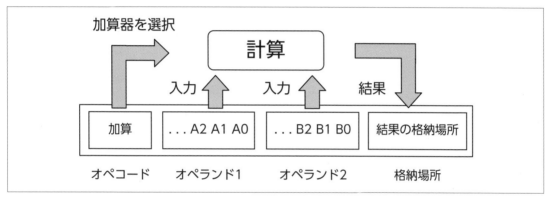

オペコード	実行する計算の種類を示しています。コンピュータは、オペコードの指示によって、対応する計算装置（以下、演算器という）を選択します。加算命令では、加算を実行する演算器として、加算器を選択します。
オペランド	計算を実行するためには、計算対象の数値（データ）が必要です。この数値をオペランドといいます。加算は 2 項演算子なので加算命令はオペランド 1 とオペランド 2 の 2 つのオペランドをもちます。
格納場所	格納場所とは主記憶装置か、CPU に用意されているレジスタという、小さな記憶領域を示します。オペランドは、オペコードによって選択した演算器に送られ、演算器は結果を返します。計算結果は命令が指定する格納場所に格納されます。

図表 0-5 加算命令の例

　例えば、「1 + 2」という計算式の場合、「+」がオペコード（演算子）で、「1」と「2」がオペランドです。このようにオペランドを 2 つもつ演算子を 2 項演算子といいます。

本書の構成

　第 0 章では、別々に論じられることの多いコンピュータとプログラムを、それらの関係に着目し、一連の流れとして説明しました。

　コンピュータは、1 と 0 の並びである機械語を解釈して実行しますが、人間がその命令を逐一指定して記述して修正していくのには大変な困難がともないます。そのため、現在では、コンピュータに仕事をさせるための命令を、人間が扱い易い「高水準プログラミング言語」（第 3 章）により記述して、プログラミングするのが一般的です。

　本書では、プログラミングに必要な知識として、コンピュータとプログラムに関する一通りの知識を下記の順で解説していきます。

章	学習内容
第 1 章　情報の表現	我々が扱うさまざまな情報をコンピュータ上ではどのように表現するか。
第 2 章　コンピュータの仕組み	主にハードウェアの説明として、コンピュータの仕組みについて。
第 3 章　プログラミング言語の基礎知識	第 0 章で説明したコンピュータとプログラム、プログラミング言語についてさらに詳細に説明する。
第 4 章　データ構造	一般のプログラムを記述する上で必要なデータ構造について。
第 5 章　オペレーティングシステム	基本ソフトウェアの一つであるオペレーティングシステムについて、プログラムを実行するという観点から説明する。
第 6 章　情報セキュリティ	情報を扱う際のセキュリティについて。
第 7 章　アルゴリズム	プログラムの設計図に当たるアルゴリズムについて。
第 8 章　応用問題	日商プログラミング検定 BASIC 試行試験の問題を解説する。

練習問題

0-1

コンピュータは、人間が作りだしたどのような機械だといわれているか。次の中から最も適切なものを選びなさい。

①	②	③	④
言語を用いて会話する機械	賢い機械	目的をもたない機械	人間らしい機械

0-2

コンピュータの各装置を繋ぎ、高速に情報を交換することができる通信線を何というか。次の中から最も適切なものを選びなさい。

①	②	③	④
入出力インタフェース	主記憶装置	CPU	バス

0-3

「アプリケーションソフトウェア」のことを別に何というか。次の中から当てはまらないものを選びなさい。

①	②	③	④
アプリケーション	基本ソフトウェア	アプリ	応用ソフトウェア

第1章

情報の表現

　コンピュータに仕事をさせるためには、現実世界における情報を1と0の2進法の数字に変換する必要があります。そのため、2進法での情報の表現や計算の仕組みを知ることは、コンピュータに仕事をさせるための様子を理解することに役立ちます。

　本章では、コンピュータで採用している2進法による表現をはじめ、各種情報の表現についてみていきましょう。

数と表現

1 コンピュータ上での情報の表現

　現実世界では、文書や図表、絵といったいろいろな方法で、さまざまな情報を表現しています。一方、コンピュータ上でも表現したい情報の性質や目的に応じて、多くの表現手段の中から適切なものを選ぶ必要があります。

> 　たとえば、漢字をコンピュータ上で表現するためには、漢字が何種類あるか、文字の形はどのようであるかなどを考えて、体系を設計する必要があります。

　一方、コンピュータ上の機能、操作などはすべて「1+1=2」といった**計算**によって成り立っています。したがって、現実世界におけるさまざまな情報を、コンピュータ上で数字の並びに変換して処理（計算）し、結果を元の現実世界で解釈しやすい表現に再び変換して問題を解決しています。

> 　電気で動いているコンピュータ内部で、情報を直接処理できる数に変換して処理しますが、その際、具体的には、コンピュータ内部で通信線を流れる電流が「流れているか／流れていないか」という2つの状態に情報を対応させて処理しています。

2 2進数と16進数

　現実世界におけるさまざまな情報を数字の並びに変換するとき、複雑なものより単純なものの方が

変換規則の数を少なくできるので、処理と実用の両面で有利となります。そこで、最も効率のよい方法として生き残ったのが**2進数**であり、コンピュータでは、数をはじめとしたすべての情報が2進数を用いて表わされています。

しかし、コンピュータ上の情報を2進数のみで記述すると桁数が多くなって読みづらくなるため、桁数が少なくてすむ16進数もよく用いられます。

> 16進数は、0から9までの数字とAからFまでのアルファベットを用いて数を表わします。
> また、現在、16進数がメインですが8進数も一部の機能で用いられています。

10進数	2進数	8進数	16進数
1	00001	1	1
2	00010	2	2
3	00011	3	3
4	00100	4	4
5	00101	5	5
6	00110	6	6
7	00111	7	7
8	01000	10	8
9	01001	11	9
10	01010	12	A
11	01011	13	B
12	01100	14	C
13	01101	15	D
14	01110	16	E
15	01111	17	F
16	10000	20	10

図表 1-1 2進数、8進数、16進数

3 符号化とは

情報を他の記号集合で表わすことを**符号化**といいます。ただし、元の情報に戻せることが条件です。たとえば、1と0の2進法の数字による表現を2進表記といい、現在の情報処理やデータ通信における基本となっています。2進法の数字において1または0の1桁の数字をビット[1]といい、ビットの並びをビット列といいます。

---

[1] ビット (bit) は、2進数で表された数値の1桁。コンピュータでは通常8ビットを一つの単位として扱い、これを1バイト (Byte) といいます。「情報量の単位」参照。

4　n進数と基数

　n進法のnを基数といい、n進法の数字の並びをn進数といいます。2進表記とは、普段用いている10進数を2進数に変換したものです。10進数を $(1)_{10}$、2進数を $(1)_2$ として、基数を右下に付した形で示すと図表1-2のようになります。

10進数	2進数
$(1)_{10}$	$(0001)_2$
$(2)_{10}$	$(0010)_2$
$(3)_{10}$	$(0011)_2$
$(4)_{10}$	$(0100)_2$
$(5)_{10}$	$(0101)_2$
$(6)_{10}$	$(0110)_2$
$(7)_{10}$	$(0111)_2$
$(8)_{10}$	$(1000)_2$
$(9)_{10}$	$(1001)_2$
$(10)_{10}$	$(1010)_2$

図表 1-2　基数を付した10進数と2進数の表現

 基数変換

　10進表記から2進表記への変換のように、基数を変えて数を表わすことを基数変換といいます。コンピュータでは、情報を2進表記で表わしますが、8進表記、16進表記も重要ですので相互の変換を考えます。以下に、基数変換の方法を説明します。

1　10進表記から2進表記への変換

　10進表記から2進表記への変換は、10進数を2で割ることで変換できます（図表1-3）。10進数が偶数なら2進表記の1の位は0、奇数なら2進表記の1の位は1です。

　まず、10進表記の数を2で割って余りを調べると、2進表記の右端の値がわかります。商を再び2で割り、余りを求めると、元の数の右端から2番目の数字がわかります。さらに、商を2で割り、余りを求めるという繰り返しを考えます。最後に、余りが1になるので終了です。

例 $(65)_{10}$ を2進表記に変換する。

```
2 )65
2 )32      ・・・1
2 )16      ・・・0
2 ) 8      ・・・0
2 ) 4      ・・・0
2 ) 2      ・・・0
      1      ・・・0
```

下から上へ数字を並べる。

答 $(1000001)_2$

図表 1-3 10 進表記から 2 進表記への変換

2   2 進表記から 10 進表記への変換

図表 1-4 の 2 進数の各位の数字（1 または 0）は、小数点から順に 2^0、2^1、2^2・・・の何倍なのかを表しています。2 進表記から 10 進表記への変換は、この性質を利用して変換します。

例 $(1010)_2$を10進表記に変換する。

$$
\begin{array}{ccccccccc}
(& 1 & & 0 & & 1 & & 0 &)_2 \\
= & 2^3{\times}1 & + & 2^2{\times}0 & + & 2^1{\times}1 & + & 2^0{\times}0 & \\
= & 8{\times}1 & + & 4{\times}0 & + & 2{\times}1 & + & 1{\times}0 & \\
= & 8 & + & 0 & + & 2 & + & 0 & =10
\end{array}
$$

答 $(10)_{10}$

図表 1-4 2 進表記から 10 進表記への変換

3   8 進表記または 16 進表記から 2 進表記への変換

8 進表記または 16 進表記から 2 進表記への変換は、次のように行います（図表 1-5）。

・8 進数 1 桁は、2 進数 3 桁に変換できる。

・16 進数 1 桁は、2 進数 4 桁に変換できる。

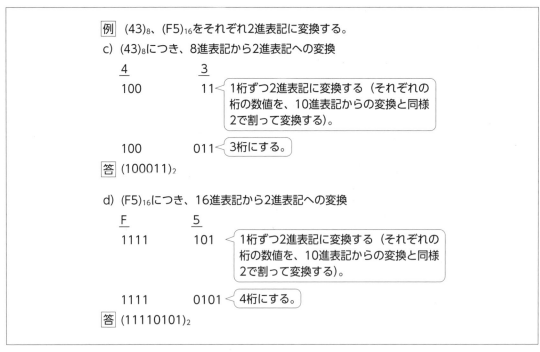

例 $(43)_8$、$(F5)_{16}$をそれぞれ2進表記に変換する。

c) $(43)_8$につき、8進表記から2進表記への変換

4	3
100	11 ← 1桁ずつ2進表記に変換する（それぞれの桁の数値を、10進表記からの変換と同様2で割って変換する）。
100	011 ← 3桁にする。

答 $(100011)_2$

d) $(F5)_{16}$につき、16進表記から2進表記への変換

F	5
1111	101 ← 1桁ずつ2進表記に変換する（それぞれの桁の数値を、10進表記からの変換と同様2で割って変換する）。
1111	0101 ← 4桁にする。

答 $(11110101)_2$

図表 1-5 8進表記または16進表記から2進表記への変換

4 2進表記から8進表記または16進表記への変換

2進表記から8進表記または16進表記への変換は、次のように行います（図表1-6）。

・2進数3桁は、8進数1桁に変換できる。
・2進数4桁は、16進数1桁に変換できる。

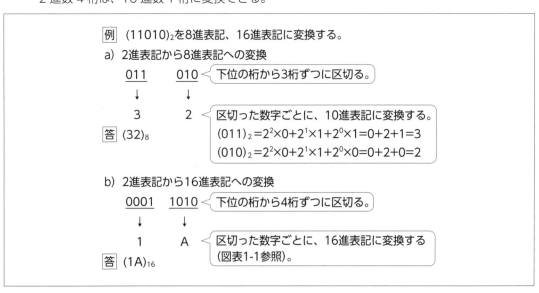

例 $(11010)_2$を8進表記、16進表記に変換する。

a) 2進表記から8進表記への変換

011	010 ← 下位の桁から3桁ずつに区切る。
↓	↓
3	2 ← 区切った数字ごとに、10進表記に変換する。

$(011)_2 = 2^2 \times 0 + 2^1 \times 1 + 2^0 \times 1 = 0 + 2 + 1 = 3$
$(010)_2 = 2^2 \times 0 + 2^1 \times 1 + 2^0 \times 0 = 0 + 2 + 0 = 2$

答 $(32)_8$

b) 2進表記から16進表記への変換

0001	1010 ← 下位の桁から4桁ずつに区切る。
↓	↓
1	A ← 区切った数字ごとに、16進表記に変換する（図表1-1参照）。

答 $(1A)_{16}$

図表 1-6 2進表記から8進表記または16進表記への変換

5 　10進表記（小数）から2進表記（小数）への変換

　10進表記の小数から2進表記の小数へは、10進数を2倍し、整数部（1または0）を各桁の値とすることで変換できます。たとえば、10進数0.25を2倍し0.5、さらに2倍すると、1.0になります。ここで、小数部が0になりましたので終了します。

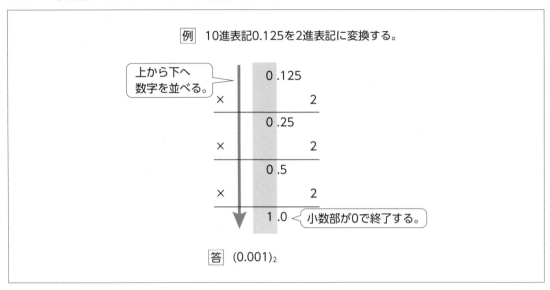

図表 1-7 　10進表記（小数）から2進表記（小数）への変換（1）

　10進表記の小数では、有限小数でも、2進表記に変換すると無限小数になることがよくあります。たとえば、10進表記の0.3を2進表記に変換します。

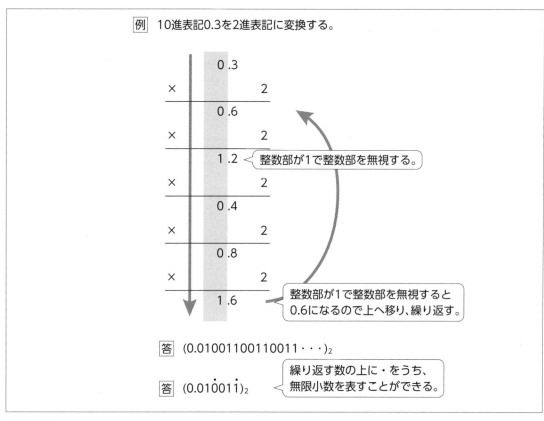

図表 1-8 10進表記（小数）から2進表記（小数）への変換（2）

6 2進表記（小数）から10進表記（小数）への変換

　2進表記の小数から10進表記の小数への変換は、整数の変換と同様に行います。ただし、小数の各位が小数点から順に、2^{-1}、2^{-2}、2^{-3}となります。たとえば、2進表記の $(0.011)_2$ を10進表記に変換すると以下のようになります。

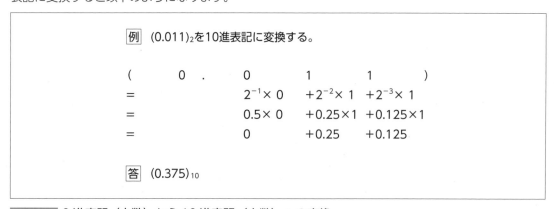

図表 1-9 2進表記（小数）から10進表記（小数）への変換

2進法における四則演算

2進法における加算は、10進法での計算のように桁をそろえて下の桁から計算します。ただし、2進法での和は、「0＋0＝0，0＋1＝1＋0＝1，1＋1＝10」の3種類しかありません。各桁の計算が簡単になる代わりに、桁数が多くなるので、繰り上がり（桁上げ）には注意しましょう。

例 (1001)₂に(011)₂を加算する。

11 ◁ 桁上げ。

```
   (1001)₂
 +  (011)₂
 ─────────
   (1100)₂
```

答 (1100)₂

図表 1-10 2進法における加算

2進数の減算も加算と同様「0－0＝0，0－1＝1－0＝1，1－1＝0」の3種類になります。「0－1＝1」に違和感を覚えるかもしれませんが、これは、上の桁から1桁を借りてきて、「10－1＝1」と計算しているものです。

例 (1001)₂から(011)₂を減算する。

01 ◁ 桁下げ。

```
   (1001)₂
 −  (011)₂
 ─────────
    (110)₂
```

答 (110)₂

図表 1-11 2進法における減算

乗算、除算も10進法と同様に行います。

例 $(6)_{10} \times (3)_{10} = (18)_{10}$を2進法で計算する（乗算）。

```
              110
    ×          11
    ─────────────
              110
    ×         110
    ─────────────
            10010
```

答 $(10010)_2 \Rightarrow (18)_{10}$

図表 1-12 2進法における計算（乗算）（1）

例 $(10)_{10} \times (6)_{10} = (60)_{10}$を2進法で計算する（乗算）。

```
             1010
    ×         110
    ─────────────
             0000
             1010
    ×        1010
    ─────────────
           111100
```

答 $(111100)_2 \Rightarrow (60)_{10}$

図表 1-13 2進法における計算（乗算）（2）

割り算は、余り（1または0）を求めます。

例 $(17)_{10} \div (3)_{10} = (5)_{10} \cdots (2)_{10}$を2進法で計算する（除算）。

```
              101
       ┌─────────
    11 )    10001
             11
       ─────────
             101
              11
       ─────────
              10
```

答 $(101)_2 \cdots (10)_2 \Rightarrow (5)_{10} \cdots (2)_{10}$

図表 1-14 2進法における計算（除算）（1）

| 例 | $(65)_{10} \div (4)_{10} = (16)_{10} \cdots (1)_{10}$を2進法で計算する（除算）。 |

$$
\begin{array}{r}
10000 \\
100 \,\overline{)\, 1000001} \\
100 \\
\overline{00001} \\
0 \\
\overline{1}
\end{array}
$$

| 答 | $(10000)_2 \cdots (1)_2 \Rightarrow (16)_{10} \cdots (1)_{10}$ |

図表 1-15 2進法における計算（除算）（2）

補数と負数表現

コンピュータ上で用いられる2進数では、マイナスの記号を使うことはできません。そのため、コンピュータ上で、整数の負数を表現するには補数を用います。

1 補数とは

基数 n に対して「n-1 の補数」と「n の補数」を定義することができます。

	説明	（例）10 進数の場合
基数 n		$(37)_{10}$
n-1 の補数	各桁を n-1 から引いた数	9 の補数$(62)_{10}$ ⇐ 9-3=6、9-7=2 で$(62)_{10}$
n の補数	「n-1 の補数」に 1 を足した数	10 の補数$(63)_{10}$ ⇐ $(62)_{10}+1 = (63)_{10}$

図表 1-16 10 進数の補数

10 進数（2 桁）の場合、「その数」と「9 の補数」を足すと$(99)_{10}$、「その数」と「10 の補数」を足すと$(100)_{10}$になり、「その数」に「補数」を足すと一定数になることがわかります。

2進数の場合も同様に、「1 の補数」と「2 の補数」を定義することができます。「1 の補数」は、各桁を 1 から引いた数であるので、各ビットを反転した数になります。「2 の補数」は、「1 の補数」に 1 を足した数です。

	説明	（例）2 進数の場合
基数 n		$(011)_2$
n-1 の補数	各桁を n-1 から引いた数	1 の補数$(100)_2$ ⇐ 1-0=1、1-1=0、1-1=0
n の補数	「n-1 の補数」に 1 を足した数	2 の補数$(101)_2$ ⇐ $(100)_2+1 = (101)_2$

図表 1-17 2 進数の補数

2 2進数における負数表現

コンピュータ上で扱う2進数の負数は「2 の補数」となります。

いきなり2進数で説明するとわかりづらいので、10進数で考えてみましょう。

たとえば、63の負数は-63であり、絶対値の等しい正数と負数を足し合わせると0になります。63 + (-63) = 0

このように足し合わせたら0になるように、マイナスの数を用いずに負数を表現するのはどうしたらよいかというときに出てくるのが、「補数」と、「足し算をしたときに、桁上がりした桁を無視する」という考え方です。

63の10の補数は37です。そして、「63」は2桁の数ですので、3桁目を無視します。

すると、「63+37=100」となり、3桁目の1を無視すれば、「0」になるので、この37が、-63を示す、63の負数になります。

2進数の4ビット（4桁）の場合は以下のようになります。

2進数	10進数	2進数	10進数
0000	0	1000	-8
0001	1	1001	-7
0010	2	1010	-6
0011	3	1011	-5
0100	4	1100	-4
0101	5	1101	-3
0110	6	1110	-2
0111	7	1111	-1

図表 1-18 4ビットの負数表現

4ビットでは、2^4=16通りの状態が表現でき、正数では、0から15までの整数を表わすことができますが、負数では-8から7まで、おおよそ、正数と負数で半分の整数を表わすことができます。0もちょうど1つだけ表わすことができます。

2の補数を負数として割り当てることによって、何ビット（桁）の2進数でも正数または負数とすることができます。

ビット数	整数の範囲
3ビット	-4〜3
4ビット	-8〜7
8ビット	-128〜127
16ビット	-32768〜32767
32ビット	-2の31乗〜-2の31乗-1

図表 1-19 ビット数毎の整数値の範囲

2進数の負数を作る場合には、これまでみてきたような、2の補数を考え「各ビットを反転し、＋1をする。」という方法と、「右端のビットから検索し、はじめて1になるところまでコピーをし、残りのビットは反転する。」という方法があります。

図表 1-20 2の補数を求める（負数の作り方）（1）

図表 1-21 2の補数を求める（負数の作り方）（2）

　2の補数についてさらに、2の補数を求めると元の数になります。たとえば、$(00001101)_2 \Rightarrow 2$ の補数 $\Rightarrow (11110011)_2 \Rightarrow 2$ の補数 $\Rightarrow (00001101)_2$ となります。このように、2つの2進数の2 の補数の関係は、互いに2の補数となっていることがわかります。そのため、コンピュータ上では「先頭ビットが0の場合を正数」（この例では、$(00001101)_2$ を正数 13）、「先頭ビットが1の場合を負数」（この例では、$(11110011)_2$ を負数 −13）として扱います。

浮動小数点数

1 浮動小数点数と固定小数点数

　小数には、固定小数点表記と、浮動小数点表記の2通りの表記方法があります。4.375（10進数）は固定小数点表記で、これを浮動小数点表記すると「$0.4375×10^1$」となります。固定小数点表記で表わされた小数を固定小数点数、浮動小数点表記で表わされた小数を浮動小数点数といいます。

　ここで、0.4375を仮数部、10^1を指数部といいます。

浮動小数点表記　$0.4375×10^1$

仮数部　　指数部

図表 1-22 浮動小数点表記

　続いて、この4.375（10進数）を2進数で表わすと以下のようになります。

固定小数点表記	$(100.011)_2$
浮動小数点表記	$(0.100011)_2 × 2^3$

図表 1-23 2進数の固定小数点表記と浮動小数点表記

　　コンピュータ上で小数は、整数とは全く別に計算します。演算装置も浮動小数点演算装置（FPU、Floating Point Unit）といい、CPUとは別の演算装置を用いて計算します。

2 単精度浮動小数点数と倍精度浮動小数点数

　コンピュータ上では、単精度浮動小数点数と倍精度浮動小数点数があり、各々32ビットと64ビットとなりますが、これらの違いは表現できる小数の精度[2]にあります。

　以下、単精度浮動小数点数について説明していきます。

　　IEEE(Institute of Electrical and Electronics Engineers、米国電子技術者規格協会) の浮動小数点表記を説明します。

　単精度浮動小数点数は、「符号」、「仮数」、「基数」、「指数」という4つの部分に分かれ、符号部1ビット、仮数部23ビット、指数部8ビットの、合計32ビットで小数を示します。

---

2 小数は、2進表記の場合、一般に桁数が多くなるので、コンピュータ上で表現する場合、正確に表わそうと用意した記憶領域に格納できない場合があります（無限小数など）。そのため、一定の大きさの記憶領域に格納できない場合では、より記憶領域の桁数が多い場合の方が、精度が高くなります。

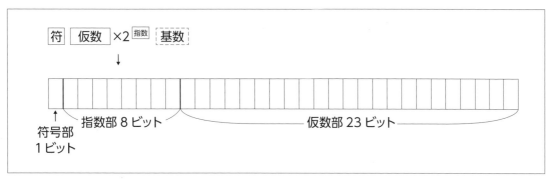

図表 1-24 単精度浮動小数点数の構成

基数部は、必ず2であるため省略します（コンピュータ上では2進表記を用いるので）。

符号部は、1ビットを用いて符号を表わし、正の場合は0、負の場合は1とします（2の補数は用いない）。

仮数部、指数部は小数点の位置を示します。

たとえば、2進数 $(1011.0011)_2$ を、「仮数部×2の累乗」の形で表わし、仮数部の整数部が1桁で必ず1となるように指数部を調整します。すると、$(1.0110011)_2 × 2^3$ となります。さらに、仮数部を23ビットになるように0を追加します。そして、先ほど調整したように仮数部の整数部は必ず1で省略可能なので、小数部のみ取り出し以下のようになります。この23ビットを仮数部とします。

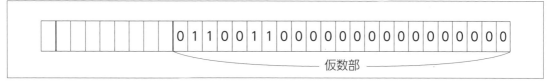

図表 1-25 単精度浮動小数点数の仮数部の表現

続いて、指数部は8ビットですが、負数も扱うため、8ビットで表現できる数の約半分（127）を「バイアス」として足すことにより、常に正数の8ビットで表わします（−127から128までが0から255まで）。つまり、「127＝ $(01111111)_2$ 」を常に足すことにより、正数として表わします。この例の場合は、指数部は3、$(11)_2$ ですので、$(11)_2 + (01111111)_2 = (10000010)_2$ が指数部となります。

以上より、$(1011.0011)_2$ を単精度浮動小数点数として32ビットで表わすと以下のようになります。

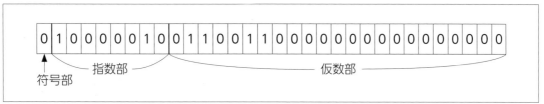

図表 1-26 単精度浮動小数点数の指数部の表現

情報量の単位

　コンピュータ上で扱う情報は、1と0で表わしますが、桁数の単位として「ビット」、「バイト」があります。「ビット」は、1または0の2進法の数の1桁を示します。そして、8ビットを1バイト（1Byte、1B）といい、$2^8 = 256$通りの状態を表現できます。

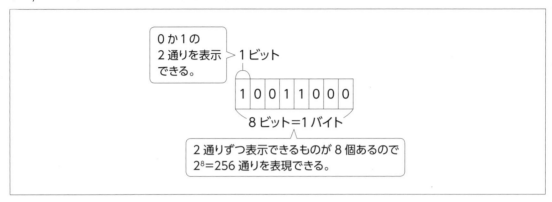

図表 1-27 ビットとバイト

　2進法の数の英語の binary digit を略してビット（bit）といいます。

　コンピュータ上の記憶領域は、1バイト単位の箱で表わします。つまり、10011000のような8ビットの値を格納することができ、以下のようなメモリマップで表わします。

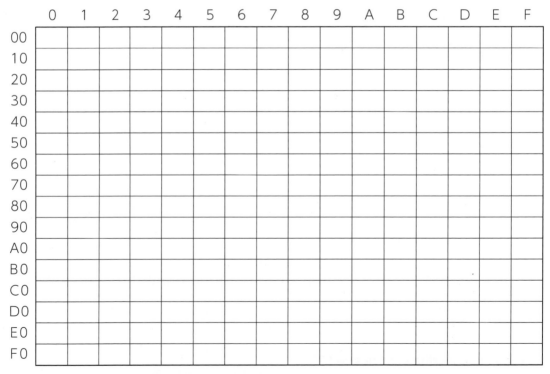

図表 1-28 メモリマップ（縦軸の00〜F0が上位アドレス、横軸の0〜Fが下位アドレス）

箱には、0から順に番号がふられ各箱の位置を表わします。**番地**（address、アドレス）といいます。また、記憶領域の大きさは、箱の数で示します。10進法では、1000＝1K、100万＝1000×1000＝1000000＝1Mのように、1,000ごとに補助単位が定められています。たとえば、1000個の箱があれば1KB、100万個あれば1MBといいます。

一方、2進法で、2の累乗を考えると、以下のようになり、2^{10}＝1024が約1000となるので、慣習的に1Kを1024としています。

2の累乗	値
2^0	1
2^1	2
2^2	4
2^3	8
2^4	16
2^5	32
2^6	64
2^7	128
2^8	256
2^9	512
2^{10}	1024

図表 1-29 2の累乗

一方、1,024個の記憶領域の箱の数を正確に示す場合は、1KiB（kibibyte）といいます。図表1-30に10進法の場合と、2進法の場合を示します。

10進法	読み方	数	2進法	読み方	数
1KB(Kilo Byte)	キロバイト	千	1KiB(kibibyte)	キビバイト	2^{10}
1MB(Mega Byte)	メガバイト	百万	1MiB(mebibyte)	メビバイト	2^{20}
1GB(Giga Byte)	ギガバイト	10億	1GiB(gibibyte)	ギビバイト	2^{30}
1TB(Tera Byte)	テラバイト	1兆	1TiB(tebibyte)	テビバイト	2^{40}
1PB(Peta Byte)	ペタバイト	1000兆	1PiB(pebibyte)	ペビバイト	2^{50}
1EB(Exa Byte)	エクサバイト	100京	1EiB(exbibyte)	エビバイト	2^{60}

図表 1-30 単位の一覧

文字の表現

コンピュータでは、文字に固有の番号を振り、その番号を文字とみなして処理します。そして、画面上に表示したり印刷したりするときには、あらかじめ用意してある文字の形をデータに基づいて描画する仕組みになっています。

1 文字コード（符号化文字集合・文字符号化方式）

文字コードとは、あらかじめ定義した文字の集合の中の文字それぞれに、ビット列によって重複しない固有の番号を振り、「その番号」を文字とみなして処理する仕組みになっています。

文字コードを作成するに当たっては、まず、文字の種類（文字集合）を定めます。たとえば、ひらがなを全部集めたものや、アルファベットの大文字・小文字を集めたものといったようなものです。このように文字を重複なく集めたものを文字集合といいます。次に、文字集合の各文字に対応する1または0のビット列を定義します。このように、文字集合を定義し、各文字に対応するビット列を重複なしに定めたものを符号化文字集合（coded character set）あるいは、**文字コード**[3]といいます。

　最も標準となる文字コードはアメリカで開発された ASCII（アスキー：American Standard Code for Information Interchange) で、英語（アルファベット、数字、記号など）を表現するために必要なだけの文字が登録されています。

　ASCII では、7ビットで1文字を表わします（図表1-31）。

　たとえば、文字 'A' は $(41)_{16}=(01000001)_2=(65)_{10}$ となりますし、数字 '4' も文字として表わす場合は $(34)_{16}=(00110100)_2=(52)_{10}$ となります。また、$(00)_{16}$ ～ $(1F)_{16}$ までは制御文字[4]といいます。

	0	1	2	3	4	5	6	7
0	NUL	DLE	SP	0	@	P	`	p
1	SOH	DC1	!	1	A	Q	a	q
2	STX	DC2	"	2	B	R	b	r
3	ETX	DC3	#	3	C	S	c	s
4	EOT	DC4	$	4	D	T	d	t
5	ENQ	NAC	%	5	E	U	e	u
6	ACK	SYN	&	6	F	V	f	v
7	BEL	ETB	'	7	G	W	g	w
8	BS	CAN	)	8	H	X	h	x
9	HT	EM	(	9	I	Y	i	y
A	LF/NL	SUB	*	:	J	Z	j	z
B	VT	ESC	+	;	K	[	k	{
C	FF	FS	,	<	L	¥	l	|
D	CR	GS	-	=	M	]	m	}
E	SO	RS	.	>	N	^	n	~
F	SI	US	/	?	O	_	o	DEL

図表 1-31 ASCII

　ASCII を用いて文字を定義するコンピュータでは英語しか扱えないので、当初、金融機関の口座名などはアルファベットで表わさなければなりませんでした。そこで、必要最小限のプログラムの改修で、口座名を日本語で表せるようにするために、文字コードを拡張し日本独自の文字コード体系を定義しました（JISX0201）。この文字コードでは、カナを扱うことができるように、8ビットで一文字を表わしています。図表1-32 に JIS で定義したカナ文字を含んだ文字コードを示します。

---

[3] たとえば、「C」という文字に $(43)_{16}$ という番号が割り当てられているとします。この「C」に対応する $(43)_{16}$ という値自体を文字コードということもあります。この値自体と、文字とそれに対応するビットの組み合わせを対応づける規則とを明示的に区別したい場合は、値自体のことは、「コード値」といい、規則を文字コードといいます。

[4] 制御文字とは、たとえば改行のように文字の出力を制御するなどの役割を与えられたコードのこと。エスケープ文字（esc）や削除（delete）も制御文字です。

	0	1	2	3	4	5	6	7	8	9	A	B	C	D	E	F
0	NUL	DLE	SP	0	@	P	`	p				ー	タ	ミ		
1	SOH	DC1	!	1	A	Q	a	q			。	ア	チ	ム		
2	STX	DC2	"	2	B	R	b	r			「	イ	ツ	メ		
3	ETX	DC3	#	3	C	S	c	s			」	ウ	テ	モ		
4	EOT	DC4	$	4	D	T	d	t			、	エ	ト	ヤ		
5	ENQ	NAC	%	5	E	U	e	u			・	オ	ナ	ユ		
6	ACK	SYN	&	6	F	V	f	v			ヲ	カ	ニ	ヨ		
7	BEL	ETB	'	7	G	W	g	w			ァ	キ	ヌ	ラ		
8	BS	CAN	)	8	H	X	h	x			ィ	ク	ネ	リ		
9	HT	EM	(	9	I	Y	i	y			ゥ	ケ	ノ	ル		
A	LF/NL	SUB	*	:	J	Z	j	z			ェ	コ	ハ	レ		
B	VT	ESC	+	;	K	[	k	{			ォ	サ	ヒ	ロ		
C	FF	FS	,	<	L	¥	l	|			ャ	シ	フ	ワ		
D	CR	GS	-	=	M	]	m	}			ュ	ス	ヘ	ン		
E	SO	RS	.	>	N	^	n	~			ョ	セ	ホ	"		
F	SI	US	/	?	O	_	o	DEL			ッ	ソ	マ	°		

図表 1-32 JIS 文字コード

　この文字コードを日本で早期に定義したことにより、米国で開発されたコンピュータについても、簡単なプログラムの改修で、カナ文字を用いることができるようになりました。この方法は、1980年代にパソコンが開発され、日本語ワープロ上で漢字を扱えるようになるときまで用いられていました。

　ドイツやフランスなどのさまざまな国で使うときに、表現できない文字や記号があるため、国際規格 (ISO/IEC 646) の枠組みの下で、ASCII の一部の文字や記号を別のものに取り替えて、各国・地域の都合に合わせた文字コードが定義されました。この過程で、複数の言語を混在させることができないという問題を解決するために、8 ビット文字コード（1 文字を 8 ビットで表現）や 2 バイトコード（1 文字を 2 バイトで表現）を扱うための枠組みが確立されました（ISO/IEC2022）。ISO/IEC2022 の枠組みの下では、2 バイト符号化文字集合と 1 バイト符号化文字集合とを組み合わせて運用したり、符号を計算によって変形したりという運用方式（文字符号化方式）も発達しました。さらには、世界中の文字を一つの文字集合として登録した文字コード作成機運が高まり、開発が始まりました（Unicode や ISO/IEC10646）。現在では、Unicode あるいは ISO/IEC10646 など、世界各地で開発されたさまざまな文字コードが定義され、用いられています。

　図表 1-33 では、プログラム学習上、知っておきたい文字コードという観点で、紹介しています。

文字コード	読み	説明
ASCII	アスキー	ANSI（American National Standards Institute：米国国家規格協会）が規定した文字コード。7ビットで1文字を表す。全部で128（2^7=128）の符号位置があるが、そのすべてに文字が割り当てられているのではなく一部は制御文字用に割り当てられている。
ISO/IEC646	アイエスオーアイイーシー646	7bit coded character set for information interchange ASCIIを国際化して各国ごとの事情に応じて文字を変更してよい符号位置を定めた規格。ASCIIとISO/IEC646国際基準版は同等である。
JIS	ジス	JIS（Japanese Industrial Standards：日本工業規格）が規定した符号化文字集合の規格の通称。英数字・記号を表す1バイトコード体系（ASCIIと互換）と、漢字やひらがなを表す2バイトコード体系があり、エスケープシーケンスを用いて文字セットを切り替えている。プログラム上でこの文字コードを表す場合には、ISO-2022-JPが使われる。ISO-2022-JPは、ASCII、JIS X 0201 ラテン文字、JIS X 0208を混在して使うことのできる7ビットの文字符号化方式。
Shift_JIS	シフトジス	ASCIIの1バイトコードとJISの2バイトコードを混在させた文字コード体系（文字符号化方式）。プログラム上でこの文字コードを表す場合には、CP932（Windowsの機種依存文字付きのShift_JIS）が用いられることが多い。
EUC-JP	イーユーシージェーピー	Extended UNIX Code Packed Format for Japanese UNIXの標準的な日本語の文字コード（文字符号化方式）として広く用いられてきた。2バイト固定、もしくは1から4バイトの可変長コード。
EBCDIC	エビシディック	Extended Binary Coded Decimal Interchange Code IBM社が規定した文字コード。8ビットの文字コード体系。古いコンピュータシステムで用いられていた。
Unicode	ユニコード	世界中の文字すべてを収録することを目指して開発された符号化文字集合。ISO（International Standard Organization：国際標準化機構）とIEC（International Electrotechnical Commission：国際電気標準会議）によって規定された。Unicodeは、整数で表現される100万以上の符号位置を8ビット単位（UTF-8）、16ビット単位（UTF-16）、32ビット単位（UTF-32）といったさまざまな符号化方式で表現している。UTF-8は、ASCIIと互換性があることから広く用いられている。UTF-16は、Javaの文字列表現で使われている。UTF-32は、メモリ上での管理やデータベースで用いられることが多い。

図表 1-33 主な文字コード

2 フォント

　フォントとは、文字の形のデータのことをいいます。

　コンピュータ上で扱う文字コードを画面に表示したり、印刷したりするときに、あらかじめ用意してある文字の形を記録したデータ、つまり、フォントに基づいて、文字コードの番号に対応する文字の形が画面に描きだされます。そのため、同じ文字コードでも、フォントを変更すれば文字の見た目が変わります。

　フォントは、データ形式やファイル形式によって分類されています。また、フォントは、コンピュー

タにソフトウェアをインストールする際に同時にインストールされる仕組みのため、文書ファイルを第三者に渡したとき、渡した先のコンピュータにも同じフォントがインストールされていなければ、別のフォントで表示されるため、注意が必要です（オリジナルとは異なったレイアウトになる場合があります）。

分類		説明
データ形式による分類	ビットマップフォント	文字の形を点の集まりで表す。電車車内の行き先表示パネルや廉価な電卓などで用いる。
	アウトラインフォント	文字の形を輪郭線で表す。コンピュータ画面やスマートフォンなどで用いる。
言語による分類	和文フォント	英字、数字の他に、日本語のひらがな・カタカナ・漢字・各種記号を収めたフォント。 和文フォントには、「明朝体」と「ゴシック体」とがある。明朝体は、縦線が太くウロコのある書体で、長文に用いると望ましい。ゴシック体は縦横の線の幅に差がなくウロコのない書体で、ポスターやスライド、見出しに適している。
	欧文フォント	英字、数字の他にドイツ語やフランス語といったヨーロッパ諸国の文字を収めたフォント。 欧文フォントには、「セリフ体」と「サンセリフ体」とがある。セリフ体は、和文フォントの明朝体に対応し「Times New Roman」が代表的である。これに対してサンセリフ体は、和文フォントのゴシック体に対応し、「Helvetica」が代表的である。
印字の幅による分類	等幅（とうはば）フォント	文字が等しい幅で並ぶフォント。「MS 明朝」や「MS ゴシック」がある。等幅フォントは、レポートなど文書を作成する際に用いるのに適している。
	プロポーショナルフォント	文字によって異なる幅で並ぶフォント。「MS P 明朝」や「MS P ゴシック」がある。プロポーショナルフォントは、一部のひらがな・カタカナ・記号が狭い間隔で配置されるため、ポスターなど文字サイズを大きくする際に用いると、縦に長い文字や小さな字の前後の隙間が目立ちにくくなる。

図表 1-34 フォントの分類

 ## 画像の表現

　コンピュータ上で画像を扱う際、画像のタイプによってさまざまなファイル形式[5]がありますが、大きく 2 種類に分類することができます。ひとつはラスタ形式で、もうひとつがベクタ形式です。

---

5 データを記録するための方式やルール、あるいはファイルの種類のことです。個々の応用プログラムで固有のものや、国際規格に従っているものなどがあります。ファイルの種類がファイル名から判別できるように、ファイル名の末尾に拡張子がつけられます。

1 ラスタ形式

　ラスタ形式[6]は、画像を多くの点の羅列として扱い、それぞれの点の色情報を記録したものです。ラスタ形式の画像を構成するひとつひとつの点を、画素あるいは、ピクセルといいます。ラスタ形式は、画像を点を単位とした格子状のピクセル群として捉え、ピクセルの色・濃度の値の配列情報として扱っています。各点は、１または０の２進表記の情報として保存されているので、画像を拡大すると、点の配置に歪みが生じ、輪郭がギザギザします。また画像を縮小すると配色が失われます。このため、サイズ変更に適した形式ではありません。

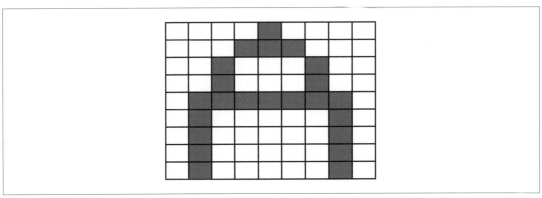

図表 1-35 ラスタ形式のイメージ

2 ベクタ形式

　ベクタ形式は、点と点を結ぶ線や曲線を保存し、画像を構成する方式です。コンピュータ上では、図形を構成する各線の長さと方向、表示色、図形が囲む領域の塗りつぶしの色などの位置情報からデータが構成されています。ベクタ形式は、画像の各頂点の座標をデータとして保持し、表示する場合に輪郭となる線の情報を演算し、最終的にはラスタ形式に変更して表示します。この演算のことをラスタライズといいます。画像のサイズ変更をした場合は、解像度に応じた曲線が描きだされるので、変形の操作に強い形式であるといえます。また、ラスタ形式に比べて少ない情報量で図形を保存することができます。このように、ベクタ形式は、図形をデータ化するためには適しているといえますが、写真のような複雑な輪郭線や配色を持つものに対しては、演算が追いつかないため、ラスタ形式の方が適しています。

---

6 ビットマップ形式（ドットの集まり）と同一視される場合もあります。

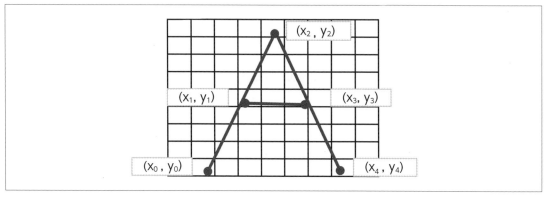

図表 1-36 ベクタ形式のイメージ

3 色の表現

色を定量的に表現する方法を表色法といいます。コンピュータでは、色を光の三原色である赤（R、red）、緑（G、green）、青（B、blue）の組み合わせで表わします。赤、緑、青の光の強さをそれぞれ $2^8 = 256$ 段階で数値化しています。これにより表現できる色の数が、赤 256 段階、緑 256 段階、青 256 段階で合計 1677 万 7216 色（$2^8 \times 2^8 \times 2^8 = 2^{24}$ 色）となり、これをフルカラーといいます。よって、色は 24 ビットで指定します。

アナログ・デジタル変換

コンピュータ上では、連続的な値を扱うことができません。このため、音[7]のような連続的に変化するアナログ情報は、アナログ情報からデジタル情報へ変換する必要があります。これを**アナログ・デジタル変換**、**A/D 変換**（Analog-to-Digital conversion）といいます。A/D 変換では、まず、アナログ信号（アナログ波形）の波の高さを一定時間ごとに読みとる作業を行います。この一定時間で波形を読み取ることを標本化といいます。標本化した各時点の値を標本といいます。つぎに、標本化で読み取った標本を離散値にし、デジタル情報とします。これを量子化といいます。

---

7 画像の個々の点の扱いも同様です。

練習問題

1-1

情報を他の記号集合として表わすことを何というか。次の中から最も適切なものを選びなさい。

①	②	③	④
暗号化	復号化	符号化	形式化

1-2

$(101.011)_2$ を 10 進数に変換しなさい。次の中から選びなさい。

①	②	③	④
4.5	5.375	6.5	4.375

1-3

$(0.1)_{10}$ を 2 進数に変換しなさい。次の中から最も適切なものを選びなさい。

①	②	③	④
0.0100110011… という無限小数	0.0001100110011… という無限小数	0.010011	0.000110011

1-4

$(0.0011)_2$ を 10 進数に変換しなさい。次の中から選びなさい。

①	②	③	④
0.75	0.375	0.1875	0.09375

1-5

$(0.5)_{10}$ を 2 進数に変換しなさい。次の中から選びなさい。

①	②	③	④
0.11	0.01	0.1	0.101

1-6

$(0.625)_{10}$ を 2 進数に変換しなさい。次の中から選びなさい。。

①	②	③	④
0.11	0.101	0.011	0.0101

1-7

$(13.375)_{10}$ を 2 進数に変換しなさい。次の中から選びなさい。

①	②	③	④
1101.11	1101.011	1100.11	1100.011

1-8

$(0.1)_2$ を 10 進数に変換しなさい。次の中から選びなさい。

①	②	③	④
0.0625	0.125	0.25	0.5

1-9

$(39.125)_{10}$ の浮動小数点数は、コンピュータ上でどのように表されるか。次の中から選びなさい。値は、32 ビットで、指数部は 8 ビット、仮数部は 23 ビットとし、127 を足した値を指数部の値とする。

①	②
00000001010011100100000000000000	01000010000011100100000000000000
③	④
00000010110011100100000000000000	01000010010011100100000000000000

1-10

$(10110)_2 \times (11)_2$ を計算しなさい。次の中から選びなさい。

①	②	③	④
101110	1000010	1000100	100010

1-11

$(10110)_2 \div (11)_2$ を計算しなさい。次の中から選びなさい。

①	②	③	④
$(110)_2\cdots(1)_2$	$(110)_2\cdots(10)_2$	$(111)_2\cdots(1)_2$	$(111)_2\cdots(10)_2$

1-12

記憶領域を示したものを何というか。次の中から最も適切なものを選びなさい。

①	②	③	④
ASCII	コード表	メモリマップ	仮想メモリ

1-13

画像を表現する際に、点の羅列として扱い、点の色情報を記憶した形式を何というか。次の中から最も適切なものを選びなさい。

①	②	③	④
ビット形式	ラスタ形式	ベクタ形式	バイナリ形式

1-14

文字 'B' の ASCII での文字コードは、何か。次の中から選びなさい。

①	②	③	④
$(41)_{16}$	$(42)_{16}$	$(61)_{16}$	$(62)_{16}$

第2章 コンピュータの仕組み

　コンピュータは、その内部にプログラムとデータを保持し、プログラムという命令の並びに従って計算を進めるという機械です。コンピュータの特徴は、ハードウェアの内部構造を変えることなく、プログラム次第で「機械的」かつ「自動的」にコンピュータに仕事をさせることができることです。

　第0章の前半で簡単にコンピュータの基本要素を紹介しましたが、本章では、コンピュータの基本要素から、コンピュータの処理の仕組みまでを説明します。

コンピュータの基本要素

　現在、パソコンはもちろん、携帯電話、ゲーム機、車、デジタル家電など、あらゆるところでコンピュータが活用されています。そして、どのようなコンピュータも、おおよそ図表2-1に示すような要素から構成されています。

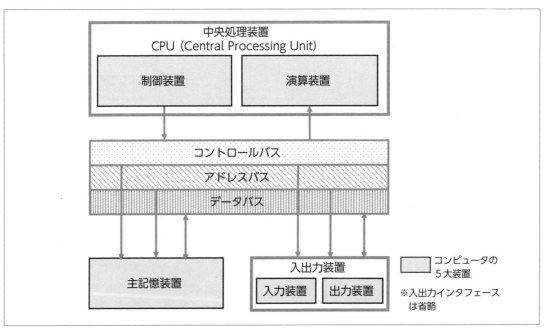

図表 2-1　コンピュータの構成要素

主記憶装置では、情報としてプログラムやデータを保持しています。主記憶装置上のプログラム（命令）を解釈し実行するのは、**中央処理装置**（CPU: central processing unit）で、**制御装置**と**演算装置**によって構成されています。そして、情報の入力、出力のための装置である**入力装置**と**出力装置**があります。

このように、コンピュータは 5 つの装置から構成されており、これらをコンピュータの 5 大装置といいます。

	装置	説明
1	入力装置	プログラムやデータを外部から取り込む。
2	出力装置	処理結果の表示や印刷などを行う。
3	記憶装置	プログラムやデータ、処理結果を記憶する。
4	制御装置	プログラムを解釈し、その他の 4 つの機能を制御する。
5	演算装置	計算する。

図表 2-2 コンピュータの 5 大装置

これらの装置間でデータをやりとりするためには、**バス**（bus）という通信線を用います。バスには、コントロールバス（制御バスともいう）、アドレスバス、データバスの 3 つがあります。

CPU から記憶装置や入出力装置に対して、情報の読み出しを行う場合、情報を読み出したい装置を示す番号をアドレスバスへ設定し、コントロールバスへ情報を書き込むように通知します。指定された番号の装置は、データバスに情報（データ）を書き込みます。制御装置がデータバスから情報を読み込むことによって情報の読み出し操作が完了します。

一方、情報の書き込みを行う場合、情報を書き込みたい装置の番号をアドレスバスに設定し、データバスに書き込みたい情報をセットしてから、コントロールバスへ情報を「読み込む」ように通知します。指定された番号の装置は、データバスから情報を読み込みます。

なお、入出力装置から情報の受渡しを CPU に依頼する際は、オペレーティングシステムを通して、システムコールという内部割り込み処理が行われます。

中央処理装置 (CPU)

コンピュータは、膨大な回路で構成されていますが、中核となる部分が**中央処理装置**（CPU、central processing unit）[1]です。CPU は、制御装置と演算装置によって構成されています。

制御装置は、主記憶装置から受渡された命令を解釈して、演算装置へ送ったり、各装置の動作のタイミングを調整するといった処理をする装置です。

演算装置は、演算を行う装置です。CPU と、主記憶装置や入出力装置は、前述したバスに接続され、装置間で情報を高速でやりとりすることができます。たとえば主記憶装置上にあるデータやプログラムなどの情報の交換は、バスを介して行われています。

---

[1] CPU を一つの半導体集積回路として実現したものをマイクロプロセッサ（MPU: micro processing unit）といいます。マイクロプロセッサによって、コンパクトで低価格なパソコンを作ることが可能となりました。

1　制御装置

　制御装置では、主記憶装置から受渡された命令を解釈して対象となる部分を制御し駆動させます。つまり、コンピュータにおける計算が、機械的かつ自動的に進むように、演算装置の処理や、主記憶装置への読み書き、入出力装置への読み出しなどを制御する役割を持っています。

　1940年代の半ば頃までは、計算の種類に応じて、論理回路を構成する要素間を物理的な結線によって制御していました。この方法を結線論理（ワイヤードロジック）といいます。その後、マイクロ命令によるマイクロコードによって制御を行うようになりました。マイクロ命令はCPUを最も低レベルで制御するための命令で、演算装置や、CPU内に配置されているレジスタを構成する記憶回路や、バスなどの各部を制御するためのものがあります。しかし、結線論理は、用いられなくなったわけではありません。CPUが高価だったころは、コンピュータ制御のために用意できる領域が限られていたので、マイクロコードによるマイクロ命令は、高度に複雑化していました。技術の進展によって、命令を複雑化させるよりも、単純な命令だけで構成した方が高速に処理できることがわかり、さらにCPUが安価になり、命令を複雑化したり縮小化したりすることはなくなってきました。現在では結線論理とマイクロコードを融合させて制御をしています。

2　演算装置

　演算装置で中心となるのが、数値計算を行う算術論理回路：ALU（arithmetic logic unit）です。

主記憶装置

　主記憶装置は、バスに直結され、CPUで実行するプログラムとデータを格納するための装置です。現在では、主記憶装置には半導体が用いられており、大きくRAM（random access memory）とROM（read only memory）の2種類に大別されます。

　RAMの特徴は揮発性です。揮発性とは、電源を切ると記憶してある情報が失われることを意味します。主記憶装置としてよく用いられているDRAM(dynamic random access memory)は、半導体によるRAMの一種です。DRAMは、コンデンサ[2]を用いて、電荷の有無によって1ビットの情報を記憶します。電荷は、電源が供給されることが前提となるので、電源が供給されないと内容は消えてしまいます。

　一方、ROMの特徴は、不揮発性です。不揮発性とは、電源を切っても記憶してある情報は失われないことを意味します。ROMにはさまざまな種類がありますが、基本的には、ROMはその言葉どおり、読み出しはできるが書き込みはできないことを表しています。たとえば、CD-ROMやDVD-ROMは、データの読み出しだけが可能で、書き込みができません。

　フラッシュメモリはROMの一種ですが、電気的にデータを消去して内容を書き換えることができます[3]。フラッシュメモリーの一種であるSDカードなどは記憶媒体としてよく用いられています。最近では、ソリッドステートドライブ（SSD: solid state drive）としてハードディスクの代替装置

---

[2] 電荷を蓄えたり放出したりする素子。

[3] ROMの中でも、読み書き可能なEEPROM（Electrically Erasable Programmable Read-Only Memory）に由来します。

として用いられることも多く見られます。

周辺装置

　主記憶装置とCPUを除くほとんどすべての装置を周辺装置といいます。キーボードやマウスのように入力専用の装置、ディスプレイのように出力専用の装置、さらに、ネットワークカードのように入出力共用の装置もあります。

1　入力装置

　代表的な入力装置としては、キーボードやマウス、スキャナーなどがあります。入力装置は、プログラムやデータを読み取って、バスを介して記憶装置に情報を送るための装置です。

2　出力装置

　代表的な出力装置としては、ディスプレイ、プリンタ、スピーカーなどがあります。出力装置は、主記憶装置に格納された情報（計算結果）を、人間が理解できる形で表現する装置です。

3　補助記憶装置

　記憶装置には、主記憶装置と補助記憶装置があります。主記憶装置は、バスに直結しCPUと高速で情報を交換できる装置です。補助記憶装置は、通常、入出力インタフェースを通して情報を交換し、情報交換速度はあまり速くないものの、大容量の記憶容量をもちます。

　代表的な補助記憶装置としては、ハードディスク、ソリッドステートドライブ（SSD: solid state drive）、CD-ROM、DVDなどがあります。補助記憶装置は、プログラムやデータを格納する装置です。情報の格納、読み出しができるので、入出力共用です。一般的にハードディスクは容量が増え、通信速度が速いほど、製品の価格が上がります。ハードディスクの弱点として、処理のときの騒音、高い消費電力などがあります。それに対してSSDは、消費電力が低く無音であるため、ハードディスクの代替品として注目されています。

4　ネットワークカード

　ネットワークカードは、入出力共用の周辺装置で、通信ネットワークを通じて情報をやり取りする機能をコンピュータに追加します。

コンピュータの処理

　これまでに説明した装置群は、原理的には図表2-3に示す構成でプログラムを実行します。

　主記憶装置に納められたプログラムは、制御装置に読み出されます。制御装置では、プログラムとして記述した命令を順に解釈し実行して、演算装置に計算をさせたり、プログラム以外のデータの受渡しも制御します。演算装置での演算結果は、主記憶装置に格納されているので、必要に応じて出力装置により表示します。

　このように、現在のコンピュータでは、主記憶装置に情報としてプログラムとデータを保持し、プ

ログラムによって計算を実行していく方式を採用しています。この方式をプログラム内蔵方式といいます。

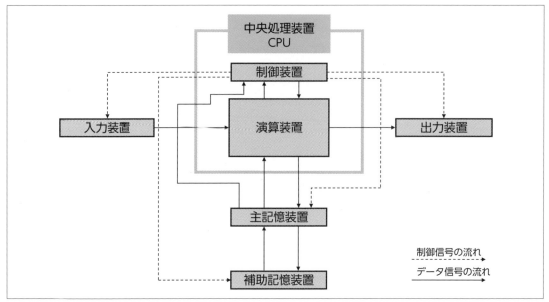

<span class="label">図表 2-3</span> コンピュータの原理的構成

プログラム内蔵方式

　プログラム内蔵方式は、プログラムとデータを共に主記憶装置に保持し、プログラムによって計算を進めるというコンピュータアーキテクチャの一つです。

　プログラム内蔵方式の特徴は、プログラム実行中の命令が変更できるということです。この方式により、現在の人工知能が実現できたといっても過言ではありません。

　人間は、日々の活動の中で、自分自身の考えによって活動計画を変更することができます。この人間の思考過程を模擬（シミュレーション）できるのがプログラム内蔵方式の特徴です。考えた結果によって、行動を変更するという人間の活動は、プログラム内蔵方式でいうと、プログラムを実行した結果（計算結果）を再度プログラムとして実行していくという「処理」に相当します。つまり、プログラム内蔵方式はプログラム実行の過程を記憶すると同時に、プログラムを形成する命令をさまざまな条件によって書き換えることが可能なのです。

　プログラム内蔵方式における計算手順をもう少し説明します。
① 　主記憶装置を構成する箱（記憶領域）には番号がふられています。これを、番地（アドレス）といいます。
② 　各箱には、命令やデータが格納され CPU から番地を指定することによって直接アクセスすることができます。
③ 　命令であるプログラムはデータとして格納されているので、プログラムの先頭番地をプログラムカウンタ（PC: Program Counter）に設定することによってプログラムの実行を開始します。

④　プログラムカウンタは、CPU にある記憶領域で、常に主記憶装置上にある実行中の命令の番地を格納しています。

⑤　プログラムが実行されると、プログラムカウンタの番地が示す命令を読み出し、解釈して実行します。

⑥　プログラムカウンタの値を増やすことにより実行を逐次的に行います。

⑦　しかし、無条件分岐命令により、実行する命令の番地を変更することも可能です（ジャンプ命令）。プログラムカウンタの値（番地）を変更することで実現します。プログラムカウンタが示す番地は、主記憶装置上の任意の番地を指定することができます。たとえば、プログラムが実行され計算の結果とした値（命令）を主記憶装置上の任意の位置に格納し、その記憶領域の先頭番地をプログラムカウンタに設定することによりプログラムとして実行することもできます。

 ## 命令サイクル

プログラム内蔵方式における計算手順の繰返しを、命令サイクルといいます。

図表 2-4 に命令サイクルを示します。

① 主記憶装置から命令を呼び出す：命令フェッチ、IF: Instruction Fetch
　プログラムカウンタの番地にある命令を読み出します。

② 命令の指示する内容を解釈する：命令デコード、ID: Instruction Decode　読み出した命令を解釈し、命令の中にレジスタが指定されていた場合は読み出します。

③ 演算を実行する：実行、EX: execution

④ 主記憶装置のデータを読み書きする：メモリアクセス、MEM: Memory Access

⑤ コンピュータの値を変更する：ライトバック、WB: Write Back
　値をレジスタに書き込み、次の命令の読み出しのためのプログラムカウンタの設定へと進み、元へ戻ります。

図表 2-4　命令サイクル

 ## クロック

　コンピュータは、一つの命令を細かい段階に分けて実行します。この段階をステージまたはフェーズといいます。１ステージは複数のクロックで実行されます。１クロックは、CPU に入力される以下のような波形となる電流の流れの信号（パルス信号）の１サイクルを示します。通常、電圧は +5V で動作します。

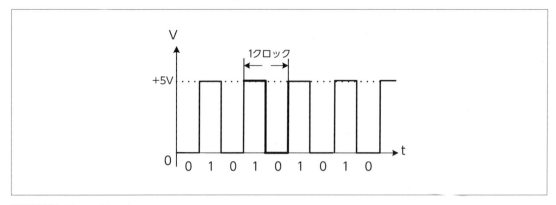

図表 2-5 クロック

電流が流れた場合を1、流れない場合を0として、人間の心臓の鼓動のように、1、0を繰り返したパルス信号をもとに命令を実行します。そのため、一定時間に発生するクロックの数をできるだけ多くし、パルスを発生すると、コンピュータは高速に命令を実行することができます。しかし、あまりにも多くのパルスを発生すると熱が発生し、誤動作を引き起こしてしまうので、CPUは、誤動作が起きない範囲での適当なパルスの数で動作させるよう設計されています。

1秒間に発生することができるパルスの数をHz(helz、ヘルツ)という単位で表わします。たとえば、2GHzというと、2,000,000,000回/秒となり、1秒間に20億回も振動するパルス信号を示します。

熱を発生させないためには、できるだけ半導体を小さくし、その中を構成する素子と素子を繋ぐ通信線も短くする必要があります。半導体技術の進歩によって現在では、CPUは「もうこれ以上小さくできない」大きさに達しつつあるといわれています。

従来のCPUをコアといい、1つのプロセッサパッケージにコアを2つ入れて1つのCPUとし、並列処理により、さらに高速処理しているのが現在のCPUです（4つ入れたり8つ入れたりするものもあります）。

論理ゲート

CPUでは、第0章（図表0-5）に示したような命令も1と0の並びで表わされています。これは、電気で動いているコンピュータにとって、電流の流れを制御するスイッチのONとOFFで表わすことが最も曖昧のない操作なので、ON・OFFに1と0を対応させて表わすことが都合がよいからです。

1 論理値と真理表

2値といえば、1、0と同様に真と偽（論理値）を対応させることもできます。論理値として真は「成り立つ」ことを意味し、偽は「成り立たない」ことを意味します。このとき、「かつ」と「または」という関係をよく用います。

たとえば、論理値P、Qがそれぞれ真または偽の値をとるとき、以下のような関係になります。

「P かつ Q が真」	P と Q の両方が真であるとき成り立つ。 「真かつ真」のときだけ真になり、いずれかが真で他方が偽か、両方偽の場合は偽になります。
「P または Q が真」	P か Q のいずれかが真であれば成り立つ。 「真または真」、「真または偽」、「偽または真」のとき真になり、両方偽の場合だけ偽になります。

これらの関係を表にしたものを「真理表」といい、次のようになります。

P	Q	P かつ Q	P または Q
真	真	真	真
真	偽	偽	真
偽	真	偽	真
偽	偽	偽	偽

図表 2-6 **真理表**

2 AND と OR と XOR

そして、真を 1、偽を 0 に対応させると、「かつ」と「または」は演算の一種と考えることができます。その演算子を、それぞれ AND と OR で表わすと、以下の計算をする 2 項演算になります。

AND	1 AND 1 → 1	真かつ真なら真
	1 AND 0 → 0	真かつ偽なら偽
	0 AND 1 → 0	偽かつ真なら偽
	0 AND 0 → 0	偽かつ偽なら偽
OR	1 OR 1 → 1	真または真なら真
	1 OR 0 → 1	真または偽なら真
	0 OR 1 → 1	偽または真なら真
	0 OR 0 → 0	偽または偽なら偽

また XOR 演算というものがあります。これは、論理値が同じ（真と真、偽と偽）場合には偽、論理値が異なる（真と偽、偽と真）場合には真となる排他的論理和を示します。

真理表を図表 2-7 に示します。

P	Q	P XOR Q
真	真	偽
真	偽	真
偽	真	真
偽	偽	偽

図表 2-7 **真理表（XOR）**

3 論理ゲート

このような演算は、トランジスタや真空管やリレー[4]を用いて容易に実現できることが知られてお

---

4 電磁石を使ってスイッチの ON OFF をする装置。

り、論理ゲートあるいは単にゲートといいます。特殊な OR 演算である XOR 演算 (図表 2-7) を含め、各論理ゲートを以下の記号で表わすことにしましょう。

　A と B は入力、C は出力を表わします。A と B は、真理表の P と Q に相当し、C は演算結果を示します。

A AND B → C　　　　A OR B → C　　　　A XOR B → C

演算器

1　演算器とは

　1 と 0 を用いながら、より大きな数字を扱うことを考えると、1 と 0 の列で数字を表わす 2 進法を用いるのが自然です。論理ゲートを組み合わせると、2 進法で表現した数字を計算する演算器を作成することができます。

　演算器には、図表 2-8 に示すように、1 桁の加算を計算する (a) 半加算器、半加算器を組み合わせ上位の桁も考えて加算を計算する (b) 全加算器、さらに、全加算器を組み合わせ複数桁の加算を計算する (c) 加算器があります。

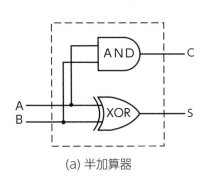

(a) 半加算器

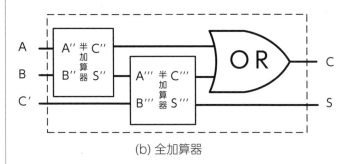

(b) 全加算器

A・B：入力を示す。真理表では各々
　　　PとQに相当。

C'　：AとB同様、入力を示すが、
　　　下位の桁からの「桁上げ」
　　　がある場合（1）、「桁上げ」
　　　がない場合（0）を示す。

C・S：出力を示すとともに、Cは
　　　上位の桁（桁上げ）、Sは下
　　　位の桁を示す。

(c) 加算器では、次のような計算を
考える。

$$\begin{array}{rrrr} & & & L \\ & A2 & A1 & A0 \\ + & B2 & B1 & B0 \\ \hline & S2 & S1 & S0 \end{array}$$

L：下位の桁から「桁上げ」がある
　　（1）、「桁上げ」がない（0）を示す。

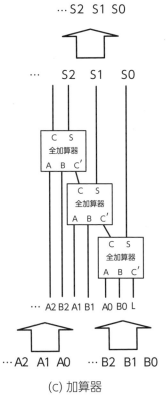

(c) 加算器

図表 2-8 加算器の仕組み

半加算器とは 1 桁の加算を行うものです。

以下の加算を考えます。C は、「桁上げ」を示します。

```
        A
    +   B
  ───────────
    C   S
```

この計算につき、論理ゲートを用いて計算するには、半加算器は、以下のような振舞いにならなければなりません。

A		B		C	S
0	+	0	=	0	0
0	+	1	=	0	1
1	+	0	=	0	1
1	+	1	=	1	0

C：桁上げ（carry）

S：和（sum）

これは OR ゲートを用いて実現できそうですが、「1＋1」は「桁上げ」があるので、1 の位は 0 になります。つまり真理表で A と B を各々 P と Q、演算結果を S と考えると、S を得るためには XOR 演算に相当し、XOR ゲートを用いるのがよいことがわかります。以下の表と、XOR 演算の真理表が一致します。

A	B	S
0	0	0
0	1	1
1	0	1
1	1	0

また、「桁上げ」は 1＋1 のときだけなので、C の値である「桁上げ」がある場合（1）、「桁上げ」がない場合（0）とし、A と B と C の関係は以下のようになります。

A	B	C
0	0	0
0	1	0
1	0	0
1	1	1

真理表で A と B を各々 P と Q、演算結果を C と考えると、AND 演算に相当し、AND ゲートを用いて実現できます。図表 2-8(a) は「A＋B → CS」の半加算器を示しています。

3　全加算器とは

　半加算器は、1の位の加算にしか用いることはできません。より上位桁の加算を行うためには、下位からの「桁上げ」を合わせて加算できなければいけません。図表2-8(b) は、下位の桁上げを C' として受け付けるように拡張してあります。これを全加算器といいます。

$$
\begin{array}{r}
A \\
B \\
+ \quad C\,' \\
\hline
C \quad S
\end{array}
$$

　A、B、C' の3つの加算を、半加算器を2段にして実現しています。「桁上げ」C' を考えてみましょう。全加算器の出力 S を求めるために、A=A'' と B=B'' を入力とした半加算器の S''（1の位）が、もう一つの入力 A''' となり、さらに C' が入力 B''' となるため、A+B+C' の1の位が図表2-8(b) の出力 S となっています。1段目と2段目の「桁上げ」である C（出力）を考えてみます。A+B の「桁上げ」は、

A		B		C''	S''	
0	+	0	=	0	0	C'' : 桁上げ（carry）
0	+	1	=	0	1	S'' : 和（sum）
1	+	0	=	0	1	
1	+	1	=	1	0	

　1+1 → 10 の場合だけ「桁上げ」C'' が1となり、その他は0です。さらに、C'' と C' を考えます。「A=1 かつ B=1」（1+1 → 10）で「桁上げ」があるとき（C''=1）、1の位（C'=B'''）が0なので、S''=A''' が、0および1の場合、「桁上げ」はおきません。つまり、C''=1 のとき、B'''=0 なので、A'''+0は、「桁上げ」はおきません(C'''=0)。よって、C''=1 かつ C'''=1 とはなりません。以上より、「桁上げ」C は、C'' OR C''' で十分となり、ORゲートを用いれば十分となります。以下に、各点の場合分けをいたします。

A	B	C''	S''	A'''	C'	C'''	S'''	C
0	0	0	0	0	0	0	0	0
0	1	0	1	1	0	0	1	0
1	0	0	1	1	0	0	1	0
1	1	1	0	0	0	0	0	1
0	0	0	0	0	1	0	1	0
0	1	0	1	1	1	1	0	1
1	0	0	1	1	1	1	0	1
1	1	1	0	0	1	0	1	1

　図表2-8(b) の入力と出力の部分を切り出すと、以下のようになります。

A	B	C'	C	S
0	0	0	0	0
0	1	0	0	1
1	0	0	0	1
1	1	0	1	0
0	0	1	0	1
0	1	1	1	0
1	0	1	1	0
1	1	1	1	1

　一旦全加算器ができると、図表 2-8(c) に示すように n 桁目の加算の結果を、n 桁の全加算器の S にし、桁上げの C を n+1 桁の全加算器の C' に受渡すことで、複数桁の 2 進法の加算が実現できます。

機械語とアセンブリコード

　これまで述べてきたように、命令とは数値を 2 進法で表現した 1 と 0 の並びであり、プログラムとは、その命令が複数並んだものということになります。このような、コンピュータが直接読み込むプログラム形式を機械語といいます。

　機械語は、1 と 0 が並んでいるだけなので、人間が扱うのは大変です。そこで、多くの場合、命令の各部を特定の名前や記号で表わしてわかりやすくしたアセンブリコードが用いられます。アセンブリコードは、機械語のプログラムと、ほぼ 1 対 1 対応なので、「アセンブラ」という特別な変換プログラムを用いて簡単に機械語のプログラムに変換することができます。

1 アセンブリコードとは

　図表 2-9 は、1 から 5 までの合計を計算するアセンブリコードを示しています (行頭の行番号は説明のために付加したもので、アセンブリコードの一部ではありません)。ここで紹介するアセンブリコードは、現在最も多くのコンピュータで用いられている機械語に対応しているもので、x64 といわれています。

　図表 2-9 のコードは、機械語に変換することによって実際に実行することができます。実行してみると、1 から 5 までの合計の計算結果 15 を画面に表示します。

```
1    IO:    .string "%lld"
2           .text
3           .globl main
4    main:  pushq %rbp
5           movq %rsp, %rbp
6           movq $5, %rax
7           movq $0, %rbx
8    L2:    cmpq $0, %rax
9           je L1
10          addq %rax, %rbx
11          subq $1, %rax
12          jmp L2
```

```
13  L1:    movq  %rbx, %rdx
14         leaq  IO(%rip), %rcx
15         subq  $32, %rsp
16         callq printf
17         addq  $32, %rsp
18         leaveq
19         retq
```

図表 2-9 1 から 5 までの合計を計算するアセンブリコード

2 計算に関する命令

図表 2-9 のアセンブリコードの中身を見ていきましょう。

10 行目では次の加算命令が使われています。

```
    addq %rax, %rbx
```
オペコード　オペランド 1　オペランド 2

　図表 0-5 で示した命令と比較すると、addq が加算を表すオペコードに対応しており、%rax と %rbx が、それぞれオペランド 1 とオペランド 2 に対応しています。結果の格納先が示されていませんが、結果はオペランド 2 に上書きされます。すなわち、オペランド 1 とオペランド 2 が加算されて、結果はオペランド 2 に格納されます。

　オペランド 1 には定数（5）を指定しています。$5 のように $ に続けて数値を記述することによって定数を指定できます。また、必要なデータを格納している**記憶装置の場所**を指定することもできます。

　オペランド 2 には、結果が上書きされるので、記憶装置の場所だけを指定できます。記憶装置の指定には、値の読み書きが高速な**レジスタ**と、多くのデータを格納できる**主記憶装置**を指定できます。レジスタは、%rax や %rbx のように、% で始まる名前で指定し、主記憶装置は、番地（address、アドレス）という主記憶装置上の位置で指定します。図表 2-9 の計算部分では、レジスタだけを用いています。図表 2-9 では加算命令の他、以下の計算に関係する命令が用いられています。

転送命令	movq	オペランド 1	オペランド 2	オペランド 1 の値をオペランド 2 にコピーする。
加算命令	addq	オペランド 1	オペランド 2	2 つのオペランドの合計を計算し、オペランド 2 に結果を格納する（上書きする）。
減算命令	subq	オペランド 1	オペランド 2	オペランド 2 からオペランド 1 を引いた値をオペランド 2 に格納する（上書きする）。

3 実行の流れを変更する命令

　基本的に、命令は並んでいる順に実行します。しかし、複雑なプログラムを実行するためには、必要に応じて**実行の位置**を変えなければなりません。決まった位置に実行を写すには、**無条件ジャンプ**（unconditional jump）が使われます。

無条件ジャンプ：jmp label

　プログラムの位置の行頭に、label: のようにラベルという位置を表す名前を付加することがで

きます。

```
L2:    cmpq $0, %rax
```

　無条件ジャンプは、この一致するラベルに実行を移す命令です。また、ある条件が満たされた場合にだけ、実行を移す**条件ジャンプ**（conditional jump）という命令もあります。条件ジャンプは、直前に次の **cmp 命令**を実行します。

```
cmp 命令：cmpq オペランド 1, オペランド 2
```

　cmp 命令は、2 つのオペランドを比較し、その関係を覚え、次の命令（ジャンプ命令）に判断をゆだねる役割をします。

```
L2:    cmpq $0, %rax
```

　この関係が、続く条件ジャンプの条件を満たすとき、実行を移します。たとえば、2 つのオペランドが等しいときの条件ジャンプは、次のとおりです。

```
条件ジャンプ ( 等しいとき) : je label
```

　直前の cmp 命令が `cmpq x,y` だったとすると、x=y の関係を満たすならば、`label` に実行を移し、そうでなければ、続く命令を実行します。他にも、不一致や大小関係によって実行を移す条件ジャンプ命令があります。

4　アセンブリコードの意味

　それでは、これまでに紹介した命令の振舞いを思い出しながら、図表 2-9 のアセンブリコードを見てみましょう。

レジスタ	
%rax	加える数字を格納
%rbx	合計を格納
%rip	（表字のため）合計を格納

```
 4   main: pushq %rbp
 5         movq %rsp, %rbp
 6         movq $5, %rax              %rax に 5 を初期化
 7         movq $0, %rbx              %rbx に 0 を初期化
 8   L2:   cmpq $0, %rax              %rax が 0 かどうか。
 9         je L1                      %rax が 0 の場合、L1 へ
10         addq %rax, %rbx            %rbx に %rax を足し込む。
11         subq $1, %rax              %rax から 1 減算し、%rax に代入
12         jmp L2                     L2 へジャンプ
13   L1:   movq  %rbx, %rdx           %rbx を %rdx へ代入
14         leaq IO(%rip), %rcx
15         subq $32, %rsp
16         callq printf               印字のため printf を呼び出す。
```

このプログラムは、%rax に加える数字を格納しておき、%rbx に合計を格納するようにしています。6、7 行目は、その %rax と %rbx を、初期値として 5 と 0 を格納します。この後、%rbx に %rax を足し込みながら（10 行目）%rax を 1 ずつ減算しています。

　合計の計算は、%rax の値が 0 になったら止めるため、8 行目で 0 と比較し、0 と一致していたら L1 に実行を移し（9 行目）、13 行目で表字用のレジスタ %rip にコピーします。

　もし、0 と一致しなければ、そのまま次の命令に進み、10 行目で %rbx に %rax を加算し、その結果で %rbx を上書きします（%rbx に %rax を足し込む）。最後に、11 行目で %rax から 1 減算し、次に足す数を同じ %rax に用意します（%rax を 1 ずつ減算する）。実行は、12 行目の無条件ジャンプで 8 行目の L2 に実行を戻し、9 行目以下の一連の計算を再度実行します。

　8 行目では、再実行のたびに %rax の値と 0 が比較され、0 でない間は 10 〜 12 行目が繰り返し実行されます。

　一旦、%rax が 0 になると、前述したように、13 行目の %rip に結果が得られます。%rip の結果は、16 行目以下の処理で、画面に表示されます。

■ プログラミング言語

　図表 2-9 のようなアセンブリコードや機械語のプログラムは、命令を順に追っていけば、どのように実行されているかはわかりますが、全体として、「どんなことをしているのか」というプログラムの意味を理解するのは簡単ではありません。ましてや、世の中でよく利用するアプリは、巨大な命令の集まりなので、アセンブリコードや機械語レベルで理解したり記述したりするのは大変困難です。そのため現在のアプリ開発は、アセンブリコードや機械語レベルで行われることはほとんどなく、より人間の言葉に近い人工言語を用いて記述します。この人工言語をプログラミング言語といい、高水準プログラミング言語ともいいます。

　一方、アセンブリコードを定義している言語をアセンブリ言語といい、低水準プログラミング言語といいます。

練習問題

2-1

データやプログラムを保持する装置を何というか。次の中から最も適切なものを選びなさい。

①	②	③	④
演算装置	制御装置	記憶装置	周辺装置

2-2

記憶装置の要素に順につけられた番号を何というか。次の中から最も適切なものを選びなさい。

①	②	③	④
シリアルナンバー	プログラムカウンタ	番地	ID

2-3

「プログラム内蔵方式」の説明はどれか。次の中から最も適切なものを選びなさい。

①	②	③	④
割込みが起こると、CPUに保持されているプログラムに実行が移る。	コンピュータの中で、データとプログラムが別々の記憶装置に保持される。	CPUの中に、プログラムを内蔵する方式である。	主記憶装置にプログラムとデータが一緒に保持される。

2-4

論理ゲートを用いて、2進法の1ビットの計算をする以下の演算器を何というか。次の中から最も適切なものを選びなさい。

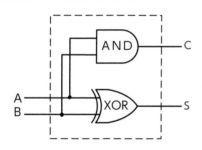

①	②	③	④
全加算器	加算器	半加算器	OR ゲート

2-5

以下の真理表を表わす演算子は何か。次の中から選びなさい。

P	Q	P <演算> Q
真	真	偽
真	偽	真
偽	真	真
偽	偽	偽

①	②	③	④
XOR	NOR	AND	OR

2-6

全加算器の回路図表は、以下の図表で示す通りである。以下の図表に当てはまる数字の組を選びなさい。

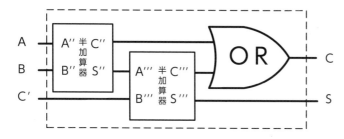

A	B	C'	C	S
0	0	0	0	0
0	1	0	0	1
1	0	0	0	1
1	1	0	1	0
0	0	1	0	(1)
0	1	1	1	(2)
1	0	1	1	(3)
1	1	1	1	1

①	②	③	④
(1) 1 (2) 1 (3) 0	(1) 0 (2) 1 (3) 0	(1) 0 (2) 1 (3) 1	(1) 1 (2) 0 (3) 0

第3章
プログラミングに関する基礎知識

　現在のコンピュータは、記憶装置などにプログラムとデータを保持し、プログラムを「機械的」かつ「自動的」に実行することができます。第2章で説明したように、中央処理装置（CPU）では、データに対して計算を行いますが、そのためにはプログラムが必要です。たとえば、コンピュータで事務処理をしたり、音楽を聴いたり、絵を描いたりするさまざまな処理は、計算によって成り立っています。目的とする計算をコンピュータに行わせるために、これらの命令を記述したプログラムが必要なのです。

　本章では、プログラムとはなにか、世の中にあるさまざまなプログラミング言語で記述されたプログラムが、コンピュータで実行可能になるまでと、プログラムの設計図となるアルゴリズム、流れ図、制御構造についてみていきます。

プログラム

　第2章で説明したように、コンピュータを活用するためには、**プログラム**によってコンピュータに命令する必要があります。この命令の集まりをプログラムといいます。このプログラムをコンピュータに入力することによって、はじめてコンピュータに仕事をさせることができます。

　また、プログラムを作成することを**プログラミング**といいます。

プログラミング言語

　人間は日常的に会話をすることができますが、この会話で用いている言語を**自然言語**といいます。一方、人間が人工的に作った言語を**人工言語**といいます。**プログラミング言語**は、人工言語の一種です。これはプログラムを記述するためのさまざまな約束事（**文法**）により定義された言語であり、その文法と意味は、曖昧さがないように定義されています。

　初期のプログラミング言語は、主にコンピュータのハードウェアの操作を指示するものでした。コンピュータが理解する機械語に直接変換でき、コンピュータが解釈し、実行できる命令の集まりのみを用いるもので**低水準プログラミング言語**といいます。第2章で見たアセンブリコードもこれに含まれます。

一方、人間にとって理解しやすい言語を、**高水準プログラミング言語**といいます。そして、高水準プログラミング言語で記述されたプログラムを**ソースコード**といいます。

　プログラミング言語は、プログラム（命令）を簡単に記述するために定義されています。つまり、情報を整理して、処理する手順を簡単に記述することができるのです。多くのプログラマは、現実世界や数学の概念をプログラムとして表現することを求められるので、現実世界をそのまま表現するオブジェクト指向言語や、数学における抽象化に対応する関数型言語、論理型プログラミング言語などが考案されています。

 ## 言語処理系

　人間が理解しやすいように作られた言語で記述されたプログラムは、コンピュータが解釈する**機械語**に翻訳する必要があります。ソースコードをコンピュータ上で実行できるようにするためのプログラムを**プログラミング言語処理系**（以下、言語処理系という）といいます。

　一般に、エディタというソフトウェアツールでソースコードを作成し、言語処理系で実行しますが、プログラム作成過程ではプログラムにエラー（誤り）が含まれます。プログラムを修正し、正しく実行できるようにすることをデバッグ[1]といいます。

　ソースコードの扱いに注目して言語処理系を分類すると、2種類にわかれます。一つは**コンパイル方式**で、もう一つは**インタプリタ方式**です。

1　ソースコードを事前に変換するもの（コンパイル方式）

　FORTRAN、COBOL、C、C++ のようなプログラミング言語は、ソースコードからコンピュータが解釈可能な機械語ファイルを生成し、生成された実行形式ファイルをコンピュータが直接実行します。実行時は CPU がファイルとして格納された実行形式の情報（バイナリ情報）を直接実行するため、起動までの時間が短く、処理が速いのが特徴です。異なる CPU で実行させるためには、機械語ファイルを生成し直す必要があります。

　実行前に必要な変換は以下の通りです。

1.　前処理	プリプロセッサを用いて、ソースコードの前処理を行う。
2.　コンパイル	コンパイラを用いて、ソースコードをアセンブリ言語に翻訳する。
3.　アセンブル	アセンブラを用いて、アセンブリ言語を機械語に翻訳する。
4.　リンク	リンケージエディタ（リンカ）を用いて、アセンブラの出力に対して必要なライブラリと結合して、機械語で構成された実行形式ファイルを生成する。

---

[1] プログラムのエラー（誤り）のことを虫（bug）といい、エラーをなくすことを「虫を除去する」という意味で、デバッグ（debug）といいます。

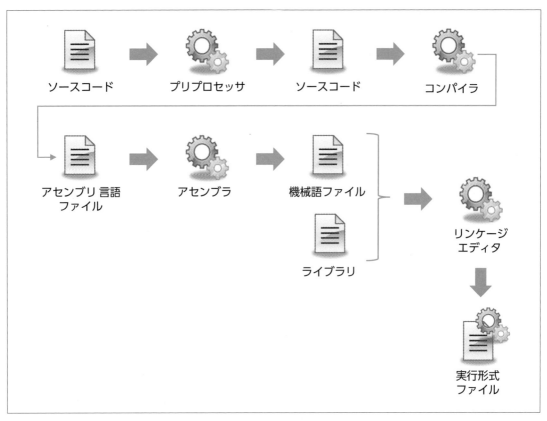

図表 3-1 機械語の実行形式ファイルを作成する手順

　Java、C# のようなプログラミング言語では、コンパイラを用いて、ソースコードから中間表現ファイルを生成します。特定の CPU ではなく、仮想的 CPU に対する命令（仮想コード）の集まりに翻訳します。実行は仮想機械というコンピュータを模擬（シミュレート）するプログラムを用いて行います。コンパイラによるプログラミング言語の実行速度と、インタプリタと同様の汎用性を兼ね備えたものといえます。Java の場合、仮想機械に対する仮想コードはバイトコードといい、実行ファイルはバイトコードで構成されます。バイトコードは CPU ごとに用意されている仮想機械上で解釈され、実行されます。このため、バイトコードは異なる CPU でも実行することができます。実行前に行う変換は以下の通りです。

1. 前処理	プリプロセッサを用いて、ソースコードの前処理を行う（Java にはプリプロセッサはない）。
2. コンパイル	コンパイラを用いて、ソースコードを中間表現に翻訳する。

ソースコード　　　　　コンパイラ　　　　　中間形式　　　　　仮想機械
　　　　　　　　　　　　　　　　　　　　ファイル

図表 3-2 中間コードを用いたプログラムの実行

　この他にトランスレータ方式があります。トランスレータ方式は、ソースコードをより標準的なプログラミング言語に変換してから、実行する方式です。

2　ソースコードをそのまま実行するもの（インタプリタ方式）

　シェルスクリプトや JavaScript、Python、Ruby などは実行前にソースコードを変換する必要はなく、インタプリタといわれるプログラムを用いてソースコードを直接解釈し、そのまま実行します。このような言語をインタプリタ言語といいます。

　インタプリタ言語は、ソースコードをそのまま解釈し実行するので、プログラム開発時に修正作業が容易であるという長所があります。また、異なる CPU に対して同じプログラムを実行することができます。この特徴のことを、可搬性が高いといいます。一方、インタプリタ方式では、ソースコードを直接解釈して実行するため、コンパイル方式での実行形式（機械語）を実行する場合に比べ、処理速度が遅くなります。

　最近では、Java 仮想機械のように、バイトコードを直接解釈しインタプリタとして実行する処理系を改良して、バイトコードを実行時に機械語に翻訳し、機械語を実行する言語処理系もあります。このような処理系を、**実行時コンパイラ**（JIT: Just In Time コンパイラ）といいます。実行時に翻訳する時間がかかりますが、機械語に翻訳して実行するので実際の実行はコンパイラ方式と同等の処理速度となります。

3　プログラミング言語の検討

　ひとつのプログラミング言語に対して、言語処理系は複数存在することが多く、処理速度や効率を良くするために改良が続けられています。そのため、利用するプログラミング言語と言語処理系の特徴を知っておくことは大切です。

　たとえば C 言語は、通常コンパイル方式を採用していますが、デバッグや教育目的のためにインタプリタ方式を採用した処理系もあります。逆に主にインタプリタ方式を採用した処理系のプログラミング言語でも、コンパイル方式を採用した処理系もあります。一般にはプログラミング言語により、コンパイル方式かインタプリタ方式に分類できるので、本書で説明した特徴を理解すれば十分でしょう。ただし、業務でプログラミングを行う場合は、コンパイル方式かインタプリタ方式かだけでなく実行環境などを含めて細かく検討し、最終的なソフトウェアの品質を担保する必要があります。

第 **3** 章

プログラミングに関する基礎知識

ライブラリ

　ライブラリは、汎用性、再利用性の高いプログラムをまとめたものです。プログラミング言語の処理系として提供されているものや、プログラムとあわせて用いる周辺装置に対するドライバプログラム、プログラミング言語の仕様を補完するために開発されたプログラムなど、さまざまなものが用意されています。独自に記述した汎用的プログラムをライブラリとすることもできます。

　ライブラリには、実行形式にライブラリを結合する**静的ライブラリ**と、実行時に結合する**動的ライブラリ**があります。動的ライブラリは複数の実行形式で提供されることもあります。

　静的ライブラリは、実行形式ファイルが大きくなりますが、単体で実行することができます。動的ライブラリは、実行形式ファイルは小さくなりますが、実行時にライブラリを動的に検索する際に「見つからない」などのエラーを引き起こす可能性があります。動的ライブラリは、他のプログラムと共有することができるので、**共有ライブラリ**ともいいます。

マークアップ言語

　マークアップ言語は、テキストデータに視覚表現や文書構造を記述するための形式的な言語です。HTML（Hyper Text Markup Language）や XML(eXtensible Markup Language) がこれにあたります。これらはプログラミング言語として紹介されていることもありますが、プログラミングのための言語ではありません。

　マークアップには、視覚マークアップ、意味マークアップ、手続きマークアップがあります。

　たとえば、HTML ではテキストファイルとして、要素やその構造、視覚表現などを表現することができます。「<>」で囲まれた部分をタグとして扱い、タグで要素を表します。さらにタグを入れ子にすることで構造を表します。

　そして、HTML では視覚マークアップと意味マークアップを使うことができます。HTML が使われ始めた当初は視覚マークアップ（文字の大きさ、太さ、斜体にするなど）が多く使われていました。現在では視覚マークアップによる見た目やレイアウトの要素は CSS(Cascading Style Sheets) へ分離し、意味マークアップのみを行うことによって、検索プログラムなどで解釈しやすいよう、文書構造を単純に表わすようになってきています。

```
<html>
<head>
    <title> 文書のタイトル </title>
</head>
<body>
    <h1>最初の表題 </h1>
    <p>
        最初の段落です． <br />
        ここで「<i>イタリック </i>」の視覚マークアップを入れます． <br />
        意味マークアップの「<em>強調</em>」でも同じ効果が得られます． <br />
    </p>
    <h1> 2 番目の表題 </h1>
    <p>
        ． ． ．
    </p>
</body>
</html>
```

最初の表題

最初の段落です．
ここで「*イタリック*」の視覚マークアップを入れます．
意味マークアップの「*強調*」でも同じ効果が得られます．

2 番目の表題

． ． ．

図表 3-3 HTML とその表示結果

アルゴリズム

アルゴリズム (algorithm) [2]とは、一定の計算や処理を行うための手順を示したものです。

仕事を効率的に行うためにあらかじめ手順を決めておくのと同様に、コンピュータに仕事をさせる場合でも、どのようにデータを用意して処理すれば効率的に問題を解決できるかを考える必要があります。これがアルゴリズムです。アルゴリズムに間違いがあれば、コンピュータの仕事は永遠に行き詰まってしまうため、慎重に検討する必要があります。

たとえば、並び替え（sort、ソート、整列）の問題を考えてみましょう。いくつかの数値を小さい順（昇順）に並べ替えたいとき、考えられる手順のうちの一つは以下のようなものです。

1	一列に並べた数値を順に 2 つずつ比較し、「昇順」でなければ入れ替える。
2	全ての数値の順序が「昇順」になるまで繰り返す。

---

2 アルゴリズムは、古代エジプト文明において存在していたことがわかっています。古くに考え出されたアルゴリズムで代表的なものには、ユークリッドの互除法（2 つの自然数の最大公約数を求める：紀元前 300 年頃）、エラトステネスの篩（指定した整数以下の素数を発見する：古代ギリシャの科学者エラトステネス、紀元前 275 年・紀元前 194 年）があります。

実際に、以下の４つの数値（要素）に対してこの手順を適用してみましょう。

54、87、29、3

54	87	29	3	最初の状態。
54	87	29	3	54 と 87 を比べ、「昇順」であるので交換しない。
54	29	87	3	87 と 29 を比べ、「昇順」でないので交換する。
54	29	3	87	87 と 3 を比べ、「昇順」でないので交換する。 ⇒１通り終わり、一番右に最大値 87 が入り、最大値 87 は確定。
29	54	3	87	54 と 29 を比べ、「昇順」でないので交換する。
29	3	54	87	54 と 3 を比べ、「昇順」でないので交換する。 ⇒２通り目が終わり、右から２番目に、２番目に大きい 54 が入り、２番目に大きい 54 は確定。
3	29	54	87	29 と 3 を比べ、「昇順」ではないので交換する。 ⇒３通り目が終わり、右から３番目に、３番目に大きい 29 が入り、３番目に大きい 29 が確定し、全てが確定する。

図表 3-4 バブルソート

　このアルゴリズムはバブルソート（泡ソート）といい、基本的なアルゴリズムです。おなじ手順の繰返しが、N 個の要素に対して、N-1 回の繰返しで完結することがわかります。

　バブルソートは、並び替えの要素数が少ない場合は有効ですが、要素数が多くなると、多くの繰返し[3]を必要とします。

　「並び替え」を行うアルゴリズムには、バブルソート以外にも次のようなものがあります。

並び替えを行う アルゴリズム	シェーカソート、コムソート、ノームソート、選択ソート、挿入ソート（第 7 章で説明）、シェルソート、クイックソート、バケツソート、マージソート、基数ソート、ヒープソート

　これらはバブルソートよりも計算量が少ないアルゴリズムとして知られています。

　このように、現実的な問題に対しては、さまざまなアルゴリズムが考えられ、それらをプログラムとして記述する際には、何を選ぶかを検討する必要があります。

　アルゴリズムの検討にあたっては、多くの場合、計算手順における効率性が重要となります。具体的には、実行時の CPU の処理時間[4]や記憶領域の量などが指標となります。

　並び替えのアルゴリズムでも、それぞれ、データの保持の仕方や処理方法に特徴があります。一概にはいえませんが、記憶領域を多く必要とする場合は、コンピュータでの計算の量が少なくなります。バケツソートやヒープソートは、最初に要素を格納する記憶領域とは別に、多くの記憶領域を必要としますが、計算の量は少なくなります。プログラムを実行する環境や対象とするデータの量を考えて、アルゴリズムを選択する必要があります。アルゴリズムについては、第 7 章でも説明します。

---

3 計算量といいます。

4 プログラムの基本命令の処理回数などを数えることもあります。

流れ図（フローチャート）

　流れ図とは、コンピュータにさせる仕事や計算の手順を、決められた図形や記号と矢印で表したもので、フローチャートともいいます。これにより、アルゴリズムが視覚化され、処理手順が理解しやすくなります。一般的に、上から下へと描いていきます。

　以下の例（図表 3-5）は、1 から 9（10 未満）までの合計を求めるアルゴリズムを流れ図で示したものです。

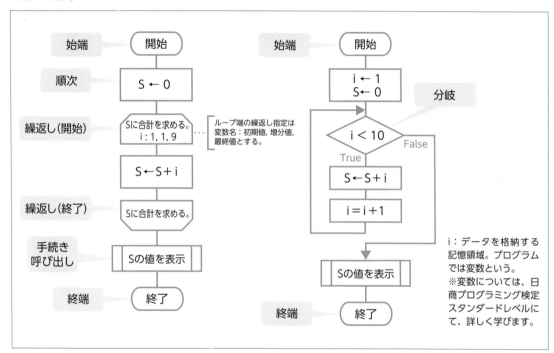

図表 3-5　1 から 9（10 未満）までの合計を計算する手順

　図表 3-5 は、同じ計算の手順を示したものですが、一方は「繰返し」を使っているのに対し、他方は「分岐」を使っています。このように、同じ計算手順でも、別の図形を用いて描くことができます。「繰返し」や「分岐」などのそれぞれの意味は次項で説明しますので、ここでは、流れ図のイメージだけつかんでください。また、流れ図で用いる図形や記号の意味を図表 3-6 にまとめておきます。

記号	意味
————————— **線 (line)**	データまたは制御の流れを表す。 流れの向きを明示する必要があるときは、矢先をつける。
▭ **処理 (process)**	任意の種類の処理機能を表す。
◇ **判断 (decision)**	いくつかの択一的経路のうち、どの経路をとらせるかを決める判断、またはスイッチ式の操作を表す。
▯▭ **定義済み処理**	サブルーチンやモジュール等別の場所で定義された1つ以上の演算または命令群からなる処理を表す。
⬠ **ループ始端** **(loop limit)**	ループ始端とループ終端の2つの部分からなり、繰返しの始まりを表す。 終了条件がある場合は、テスト命令の位置がループの最初にあることを示し、条件が成立したとき、同じループ名を持つループ終端へ飛ぶことを意味する。 ループの始端または終端の記号中に、初期値、増分値、最終値を表記できる。
⬡ **ループ終端** **(loop limit)**	ループ始端とループ終端の2つの部分からなり、繰返しの終りを表す。
▭ **端子** **(terminator)**	外部環境への出口または外部環境からの入り口を表す。 たとえば、プログラムの流れの開始もしくは終了。
- - - - ⌐ **注釈** **(annotation)**	明確にするために、説明または注を付記するときに用いる。
▱ **手入力作業** **(manual input)**	手で情報を入力する、あらゆる種類の媒体とのデータを表す。
⬠ **表示 (display)**	人が利用する情報を表示するためのあらゆる種類の媒体上のデータを表す。

図表 3-6 流れ図表の記号（JIS X 0121 より抜粋)

制御構造

　エドガー・ダイクストラ（Edsger W. Djkstra）が 1969 年に提唱した**構造化プログラミング**は、プログラムに**構造**を導入して、ソフトウェアの品質向上と開発の効率化を目指したものです。

　この構造化プログラミングでは、好ましい構造として「**手続き呼出し**」の他に、「**順次**」「**分岐**」「**繰返し**」の制御構造をあげています。これら 3 つの構造を用いることで、理解しやすいプログラムを記述できるようになります。

> 　構造化プログラミングでは、プログラムおよびデータを、段階的に抽象化し、構造化し、詳細化することが重要であるとされています。また、わかりやすい（不具合が少ない、保守がしやすい）プログラムは制御構造が単純で、実行順序がソースコードの中の式や文の記述順序にほぼ等しいという、調査結果に基づいています。そして、順次・分岐・繰返しの制御構造だけでプログラムが記述できるということは、構造化定理（ベーム・ヤコピーニの定理）でも示されています。

　制御構造は、多くのプログラミング言語で共通していますが、その記述の仕方である**構文**は、各プログラミング言語で異なっています。そこで、ビジュアルプログラミング言語 Scratch を用いて、順次・分岐・繰返しの各制御構造を説明します。

> 　順次の代わりに「連続」、分岐の代わりに「選択」、繰返しの代わりに「反復」という用語を使う場合もあります。

プログラミングに関する基礎知識

順次

　順次構造とは、処理を上から下へ順に連続して実行する制御構造です。実行の最小単位である「文」を、記述した順に実行します。

　たとえば、以下の4つの文を順次で組み合わせると、図表 3-7 のようになります。

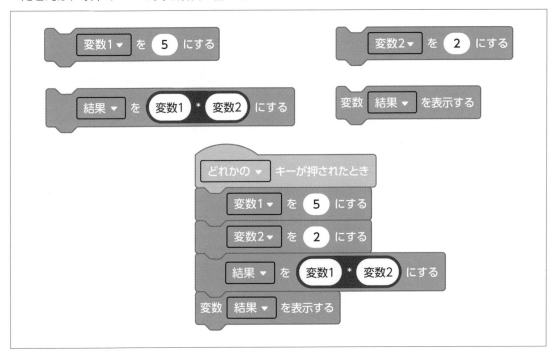

図表 3-7　順次のプログラム例

　なお、以下の文は実行の開始条件を表わします。

どれかの ▼　キーが押されたとき

　図表 3-7 のプログラムを作成し、「どれかのキーを押す」と上から順に各文が実行され、最後に「10」が表示されます。

　ここで、変数1▼、変数2▼、結果▼ は「変数」といい、値を格納する箱を表わしています。すなわち、

変数1▼ を 5 にする とは、5 の値を変数 1 に格納することを表わします。

　そして、結果▼ を 変数1 * 変数2 にする は、「変数 1」に格納された値と「変数 2」に格納された

値を乗じ（「*」は乗算の演算子）、変数 結果▼ を表示する で、その結果を「結果」に格納することを表

わしています。

　また、流れ図で、命令 1 を実行し、次に命令 2 を実行する順次構造を示すと以下のようになります。

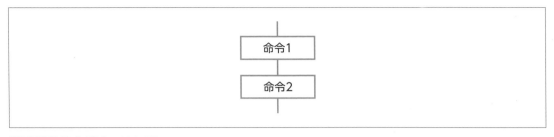

図表 3-8 順次構造の流れ図

 分岐

分岐構造とは、条件によって異なる命令を実行する制御構造です。

複雑なプログラムを作成しようとするとき、実行の流れを「順次」から変更したい場合がよくあります。そのような場合に「分岐」を用います。

図表 3-9 は、ある「条件」が満たされたら「文 1」を実行し、満たされなかったら「文 2」を実行する分岐の制御構造を表わしています。

図表 3-9 分岐の制御構造

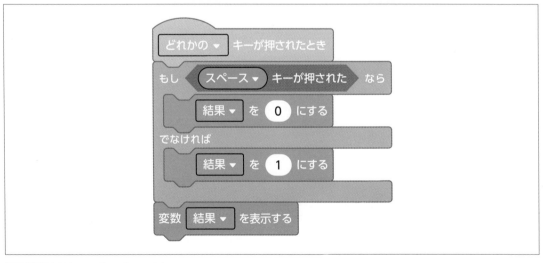

図表 3-10 分岐のプログラム例

図表 3-10 は、どれかのキーが押されたときに、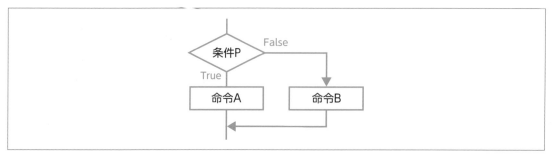 という条件が満たされ

ていた場合には（押されたキーがスペースキーであった場合には）、変数 結果 ▼ に「0」を格納し、満たされないと、「1」を格納するプログラムを表わしています。最終的に、格納された値は

 によって表示します。

一方、流れ図を用いて、条件 P の真偽により、命令 A または、命令 B のどちらかを実行する分岐構造を示すと、以下のようになります

図表 3-11 分岐構造の流れ図

繰返し

繰返し構造とは、ある条件を満たすまで命令を繰り返し実行する制御構造です。複雑なプログラムでは、同じ処理を繰り返さなければならないことがよくあります。そのような場合には「繰返し」を用います。たとえば、以下の「繰返し」は、繰返しの終了条件「カウンタ =0」を満たすまで「文」を繰り返すことを表しています。

図表 3-12 繰返しの制御構造

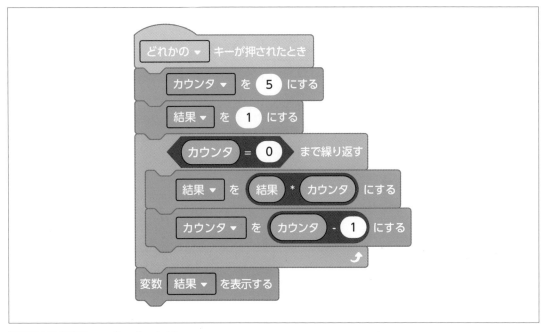

図表 3-13 繰返しのプログラム例

図表 3-13 は、5 の階乗を計算するプログラムを表わしています。

カウンタ ▾ を 5 にする ことによって 120 を表示します。

「繰返し」制御構造の中では、結果 ▾ を 結果 * カウンタ にする を実行し、変数 結果 を、変数 カウンタ の値と乗じた結果で上書きします。同時に、カウンタ ▾ を カウンタ - 1 にする によって、変数 カウンタ の値が「1」減らされていくことに注意しましょう。結果 ▾ を 1 にする によって最初 1 だった変数 結果 の値は、繰返しによって、変数 カウンタ の値を、5、4、3、2、1 と順に減らした値に対して乗算されて上書きされます。最終的に、変数 カウンタ の値は 0 になり、繰返しの終了条件 カウンタ = 0 を満たすので繰返しを終了し、変数 結果 ▾ を表示する で結果が表示します。

一方、流れ図を用いて、条件 P が偽である間、命令 A を繰り返し実行する繰返構造を示すと以下のようになります。

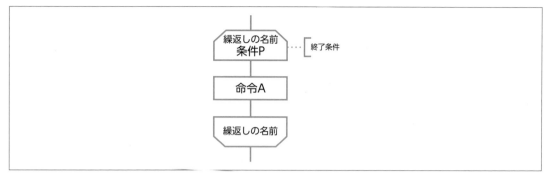

図表 3-14 繰返し構造の流れ図

手続き呼出し

　手続き呼出しとは、あらかじめ機能ごとにまとめられた命令群を手続きとして定義し、手続きを呼び出す制御構造を表わします。手続きの命令群の実行が終了したら呼出し側へ実行が戻ります。順次などの説明で出てきた がこれにあたります。

　ここでは流れ図のみ示します。

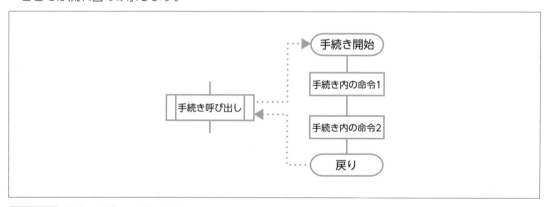

図表 3-15 手続き呼出しの流れ図

ジャンプ

　多くのプログラミング言語では「ラベルで示した場所へジャンプする文」（ラベルと GOTO 文）が用意されています。GOTO 文を用いるとプログラムがわかりにくくなりますが、例外処理や入れ子になった繰返しからの脱出など、GOTO 文が必要となる場合もあり、完全に GOTO 文を排除しない方が良いことも知られています。

プログラムの分割

　自然言語に近い高水準プログラミング言語は、機械語やアセンブリ言語のような低水準プログラミング言語に比べて、プログラミングの理解のしやすさが格段に向上しました。しかし、プログラムの

サイズがより大きくなり、より複雑になればなるほどプログラミング言語の利点も低減します。

　プログラミングの理解のしやすさを保つ1つの方法として、プログラムをいくつかの部品に**分割**することがあります。分割方法の1つとして、**処理の単位**で分割する方法があります。この「処理の単位」を、**手続き**（procedure、**関数**（function）ともいう）といいます。

1 　手続きによる分割

　たとえば、「名前」と「時刻」によって適切な挨拶を表示するプログラムを作成することを考えます。

　Scratchでは「名前」と「時刻」を後から指定して実行する単位として、**手続き**「挨拶」を定義できます。手続きは、以下の `定義` に続けて作成します。

　`挨拶` が手続き名になります。`名前` と `時刻` は変数の一種で**仮引数**といい、後から与えられた

値が格納されます。「挨拶」の実行は以下のようにします。

　この例では、定義の仮引数「名前」に「田中」を格納し、「時刻」に「7」を格納して実行することを表わしています。このように、各仮引数に格納する値を**実引数**といいます。手続きに実引数を受渡して実行することを、その手続きの**呼出し**といい、呼出しを実行することを**呼び出す**といいます。

　挨拶の手続きを作成した例を図表3-16に示します。「時刻」の値が「時刻<12」を満たすかどうかで、「おはよう！」と「こんにちは！」のいずれかを「名前」と組み合わせて、変数  に格納しているのがわかります。最終的に、この手続きは「メッセージ」の値（たとえば「田中さん、おはよう！」）を表示します。

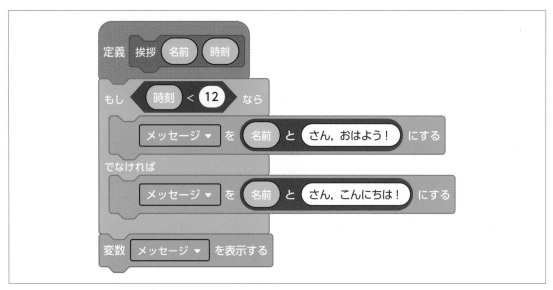

図表 3-16 手続きの定義

　いったん手続きを定義すると、以下のように、実引数を変えて何度でも呼び出すことができます。このように手続きを用いることによって、プログラムを機能ごとに抽象化することができます。

2　その他の分割法

　プログラムを手続きに分割したとしても、多くの手続きが共通の変数を参照していると、手続き間の依存性が高まって、分割した効果が低減します。

　そこで、共有される変数と、その変数を参照する手続きを単位にして分割する方法があります。このような部品は**モジュール**（module）といいます。モジュールに含まれる変数や手続きは、モジュール名を付加して用いなければならないので、独立性が高まります。さらに、必要に応じてモジュールの外から用いることができないように**隠蔽**することもできます。特に、モジュールを操作する最低限の手続きだけを、モジュールの外で用いることができるように**公開**し、変数やその他の手続きを隠蔽しておくと独立性がさらに高まります。このようにした部品を**抽象データ型**といいます。

　抽象データ型のような部品は、もはや部品自体が値であり、公開している手続きは、その値に適用できる演算や操作とみなすことができます。モジュールを値として扱えるようにしたものを**オブジェクト**といいます。

　これらのプログラムの分割方法はプログラミング方法論といい、各プログラミング言語は、それぞれが基礎とするプログラミング方法論を実現しやすくするための特徴をもっています。たとえば、オブジェクトに基づいたプログラミング方法論を**オブジェクト指向プログラミング**といい、オブジェク

ト指向プログラミングを容易にするように設計されたプログラミング言語を**オブジェクト指向言語**と
いいます。

実践的なプログラミング言語と実行

プログラミング言語について、ビジュアルプログラミング言語を例に説明してきましたが、ここか
らは、記述したプログラムの実行についてみていきます。日商プログラミング検定でも扱っている C
言語、Java、VBA についてみていきましょう。

> 　実際に用いられているプログラミング言語は、英語を基にした構文を、テキストで記述するも
> のがほとんどです。実践的なプログラミング言語の記述法について日商プログラミング検定スタ
> ンダードレベルで学習します。

1 C 言語と実行

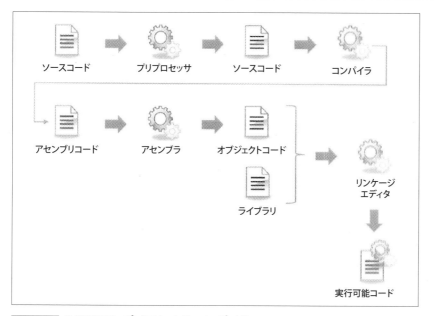

図表 3-17 C 言語コンパイラによるコンパイル

C 言語で記述したプログラムは、コンパイルを通して実行します。図表 3-17 は、C 言語のコンパ
イラ（以下、**C コンパイラ**という）によるコンパイル過程を示しています。C 言語のコンパイルでは、
C 言語コンパイラでの処理に先立って、**プリプロセッサ**（preprocessor）という処理系が、ソースコー
ド中のコメントを取り除いたり、必要なところにファイルを開いたり、名前の置換えを行ったりとい
う**前処理**（preprocess）を行います。ただし、プリプロセッサは、すべてのプログラミング言語の
処理系に備わっているわけではありません。

前処理したソースコードは、コンパイラによって、アセンブリコードに変換されます。ここで、ソー
スコードは、プログラム全体の記述を含む必要はありません。プログラムを分割し、それぞれをコン
パイルして、後で組み合わせることもできるからです。アセンブラは、アセンブリコードから**オブジェ**

クトコード（object code）を生成します。オブジェクトコードは、機械語で記述されていますが、他のオブジェクトコードと組み合わせるために必要な情報を含んでいます。汎用性の高いオブジェクトコードの集まりは、**ライブラリ**といわれ、いろいろなプログラムに共通なコードとして利用されます。

　最終的に、必要なオブジェクトコードとライブラリのコードは、**リンケージエディタ**（linkage editor、**リンカ**（linker）ともいう）によって、一つの実行可能コードに合成されます。この過程を**リンク**（link）といいます。生成された実行可能コードは、直接コンピュータ上で実行することができます。

② Java と実行

ソースコード　　　　コンパイラ　　　　中間コード　　　　仮想機械

図表 3-18 Java の実行

　Java の実行方法は、コンパイル方式の実行効率の良さと、インタプリタ方式の可搬性の高さを併せもっています。図表 3-18 に示すように、まず、ソースコードを Java のコンパイラ（以下、Java コンパイラという）で、**バイトコード**といわれる**中間コード**にコンパイルします。中間コードはソースコードより低水準なので、解析のコストが低く、比較的効率的に実行できます。生成された中間コードは、**仮想機械**で実行するので、ハードウェアやオペレーティングシステムの違いにかかわらず、実行することができます。

③ VBA と実行

　Visual Basic for Applications（以下、VBA という）は、基本的にインタプリタを用いて実行されます。一方で、VBA を含む最近のインタプリタ方式の言語では、中間コードへのコンパイルと仮想機械による実行を可能にしているものが多く存在します。

練習問題

3-1

人間が人工的に作った言語を何というか。次の中から最も適切なものを選びなさい。

①	②	③	④
英語	日本語	人工言語	自然言語

3-2

英語や日本語、フランス語など人間が会話をするための言語を何というか。次の中から最も適切なものを選びなさい。

①	②	③	④
自然言語	人工言語	プログラミング言語	機械語

3-3

ソースコードをコンパイルする前に、プロセッサを用いて処理を行うことを何というか。次の中から最も適切なものを選びなさい。

①	②	③	④
後処理	前処理	後判定	前判定

3-4

コンパイルという意味は、本来どのような意味か。次の中から最も適切なものを選びなさい。

①	②	③	④
変換	置換	検索	翻訳

3-5

アセンブリ言語などコンピュータの機械語に近い記述力がある言語を何というか。次の中から最も適切なものを選びなさい。

①	②	③	④
高水準プログラミング言語	低水準プログラミング言語	自然言語	プリプロセッサ

3-6

「アルゴリズム」の説明はどれか。次の中から最も適切なものを選びなさい。

①	②	③	④
「体操」の仕方など手順を示したもの。	処理の繰返しの手順を示したもの。	一定の計算や処理を行うための手順を示したもの。	「分岐」の仕方など手順を示したもの。

3-7

人間が会話で用いている言語をそのままプログラミング言語として採用することができない理由はどれか。次の中から最も適切なものを選びなさい。

①	②	③	④
非常に長い文書になってしまうため。	曖昧な表現を記述することが許されるため。	コンピュータが音声を認識することができないため。	コンピュータが簡単な表現しか理解できないため。

第 **4** 章

データ構造

　データ構造とは、プログラムの実行中に関連付けられたデータを効果的に扱えるように格納する形式のことをいいます。基本的なデータ構造としては、配列、連想配列、スタック、キュー、連結リスト、木構造があります。

　アルゴリズムの検討およびプログラミングにおいて、データ構造の選択は重要な問題となります。多くの場合、データ構造が決まると処理方法も決定されることになります。また、アルゴリズムが決まるとデータ構造が決定されることもあります。

 変数とは

　最初にデータ構造の単位となる、一つの値（データ）を格納する変数を説明します。変数には、変数名をつけることができます。以下の例では「Var」という名前の変数を宣言しています。

Var | 値 |

　コンピュータは、値を記憶領域に格納するので、1つの値を格納する箱として変数を生成することができます。

　変数に値を格納するためには、以下のように記述します。これを**代入**といいます。

```
Var ← 値
```

 配列

　配列は、複数のデータをまとめて、順序づけられた箱（変数）の集まりとして表わされるデータ構造です。一般的には、各箱に対して 0 から連続した整数の番号が付けられており、これを**添字**といいます。

図表 4-1 に、添字が 0 から 3 の一次元配列を示します[1]。

	[0]	[1]	[2]	[3]
arr	値	値	値	値

図表 4-1 配列

たとえば、配列 arr の添字 2 に値を代入するには、以下のように記述します。

`arr[2] ← 値`

二次元以上の多次元配列も定義することができます。

 連想配列

連想配列とは、参照したいデータを添字として、配列を参照できるデータ構造です。配列と名前がついていますが、実現する場合には後述する木構造かハッシュテーブルを用います。プログラミング言語によって、連想リスト、辞書、ハッシュ、マップなどといわれることもあります。

 スタックとキュー

スタックとキューは、配列またはリスト（後述）を基にする基本的なデータ構造です。どちらも中身の要素には直接アクセスしない（中身が隠されている）ことが重要です。

1 スタック

スタック（stack）は、図表 4-2 で示すようなデータ構造のことをいいます。

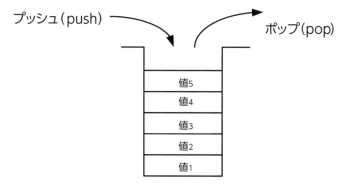

図表 4-2 スタック

このような形をした器に、値を入れる操作を**プッシュ**（push）、器から値を出す操作を**ポップ**（pop）

---

1 プログラミング言語によっては、添字が 0 以外から始まる場合もあります。

といいます。

　値1、値2、値3、値4、値5の順で値をプッシュしたとすると、値5、値4、値3、値2、値1の順でしか、値をポップできないことがわかります。このように値を入出力する方法を**先入れ後出し**(LIFO:Last In First Out) といいます。

2　キュー

　キュー(queue)は、図表4-3で示すようなデータ構造のことをいいます。

図表 4-3　**キュー**

　このような形をした器に、値を入れる操作を**エンキュー**(enqueue)、器から値を出す操作を**デキュー**(dequeue) といいます。

　値1、値2、値3、値4、値5の順で値をエンキューしたとすると、値1、値2、値3、値4、値5の順で、値をデキューできることがわかります。このように値を入出力する方法を**先入れ先出し**(FIFO:First In First Out) といいます。

グラフ

　グラフはグラフ理論で扱う用語で、一般的な構造を表現します。以下で紹介するデータ構造は、グラフを具現化したものなので、まず、グラフの定義をします。

　グラフとは、**点**(node ノード、節点)の集まりと、点と点の間の連結関係を表わす**辺**(edge エッジ)群で構成される構造で、**無向グラフ**と**有向グラフ**があります。有向グラフは辺を矢印で表します。

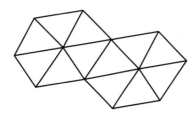

図表 4-4　**無向グラフ**

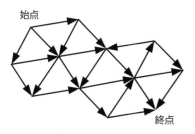

始点

終点

図表 4-5 有向グラフ

有向グラフには、始点と終点があり、無向グラフにはありません。

1 ネットワーク構造

図表 4-4 と 図表 4-5 は、最も一般的な構造で、**ネットワーク**構造といいます。

有向グラフを用いたデータ構造には、他に**連結リスト**、**木構造**などがあります。有向グラフのエッジは、参照、ポインタともいいます。

2 グラフの基本構造

有向グラフをデータ構造として表わす場合は、単位となるノードとエッジを以下のように表わします。

値

ノードは、点を表わすので値を格納する変数と同様に値と参照を保持します。参照は、記憶領域の番地を保持し、記憶領域の位置（この場合は、別のノード）を指します。参照は、矢印で表わします。ノードにある値や参照は複数保持する場合もあります。

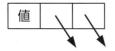

値

グラフを表わす場合の「始まり」を示すノードを始端ノードといい、参照・ポインタは矢印として表わします。「終わり」を示すノードを終端ノードといい、参照を保持しないノードです（NULL 参照を保持）。

図表 4-6 始端ノード

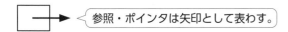

参照・ポインタは矢印として表わす。

図表 4-7 参照、ポインタ

第4章 データ構造

図表 4-8 終端ノード

3 連結リスト

連結リストはグラフの一つですが、配列と同じように、順序づけられた箱（変数）の集まりで順序を保って管理するデータ構造です。単に、リストともいいます。

図表 4-9 リスト（有向グラフの場合）

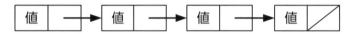

図表 4-10 単方向リスト

連結リストは、一つまたは、二つの参照を保持します。

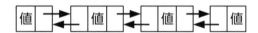

図表 4-11 双方向リスト

参照が一つのものを単方向リスト（図表 4-10）、参照が二つのものを双方向リスト（図表 4-11）といいます。また、始端ノードと終端ノードをもつリストを線形リストといい、ノードが循環しているリストを循環リストといいます。

図表 4-12 線形リスト

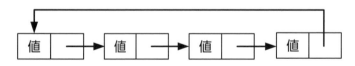

図表 4-13 循環リスト

線形リストは、一次元配列と同様に扱うことができます。線形リストは、任意の位置にノードを追加、削除することができますが、配列は、記憶の連続した領域を割り当てるために、ノードを追加する場合は、ノードの値を一つずつずらす必要があります。また、削除はできません。そのため、データ構造としては区別します。

4 木構造

　木構造はグラフの一つですが、親子関係のあるノードで示すデータ構造です。ネットワーク構造とは異なり、閉路のないグラフです。ノード間の関係は家系図表に見立てた用語で表わし、世代が進むにつれて枝分かれしていきます。

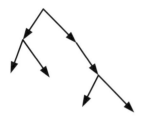

図表 4-14 木構造（グラフ）

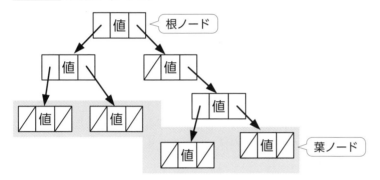

図表 4-15 木構造

　木構造の各ノードは、0個以上の子ノードをもち、最も上位にある根ノード（ルートノード）以外親ノードを一つ持ちます。子ノードを持つノードは、子ノードからすると親ノードになります。同じ親ノードを持つノードは兄弟ノード、子ノードおよび、そこから先の全ての子ノードを子孫ノード、親ノードおよびそこから先の全ての親ノードを先祖ノードといいます。[2]

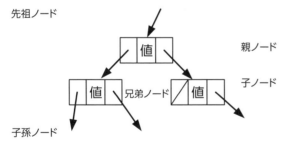

図表 4-16 親子ノード、先祖ノード、子孫ノード

　木構造には親ノードを持たない根ノード（ルートノード）が一つあります。一方、子ノードを持た

---

[2] 本章で示す図は、子ノードを最大でも2つもつ木構造を示し、2分木構造といいます。

ないノードを葉ノード（リーフノード）といいます。根ノードでも葉ノードでもないノードは内部ノードといいます。

図表 4-17 葉ノード

　木構造の高さは、あるノードからその子孫になるノードをたどり、葉ノードまでの参照の数を示します。根ノードの高さは、木構造の高さになります。一方、木構造の深さは、あるノードから根ノードまでの参照の数を示します。根ノードの深さは0になります。

　あるノードに子ノードが複数ある場合、子ノードの順序性が必要な木構造を順序付き木といいます。一般にコンピュータ上のデータ構造としては、順序付き木構造を多く用います。

　木構造は、ファイルシステムや構文木、XMLなどといった階層構造のデータ構造を扱うために用います。また、検索や並び替え（ソート）など、特定のアルゴリズムによって用いられることもあります。

5 探索木

　探索木とは、木構造において各ノードにある値に意味づけをし、値を探索しやすくしたものを表わします。たとえば、各ノードの値が以下の条件を満たす2分木構造を考えます。

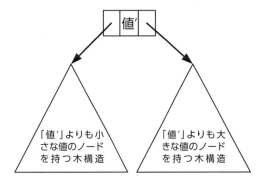

　この条件を満たす木構造には、以下のものがあります。

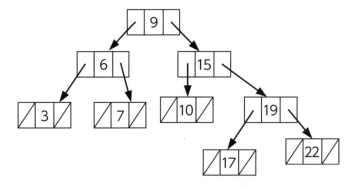

　探索木にすることによって、ルートノードから値を効率よく探索できるようになります。この例で

は、2分木構造を考えているので2分探索木といいます。

隣接リストと隣接行列

無向グラフも有向グラフも隣接リストや隣接行列で表わすことができます。

隣接リストや隣接行列とは、グラフの各ノードに番号をつけて表わすものです。

たとえば、以下の様な無向グラフについて考えます。

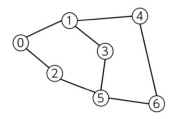

図表 4-18 無向グラフ

各点に隣接するノードの番号をリストとして表わします。隣接リストといいます。

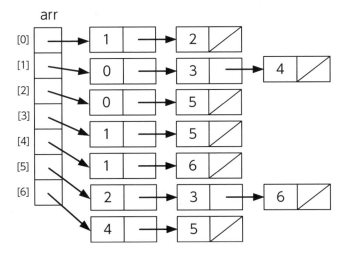

図表 4-19 隣接リスト（無向グラフ）

同様に、隣接するノードの番号を行列で表わすことができます。これを隣接行列といいます。

第 **4** 章

データ構造

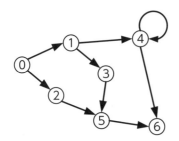

	0	1	2	3	4	5	6
0	0	1	1	0	0	0	0
1	1	0	0	1	1	0	0
2	1	0	0	0	0	1	0
3	0	1	0	0	0	1	0
4	0	1	0	0	0	0	1
5	0	0	1	1	0	0	1
6	0	0	0	0	1	1	0

図表 4-20 隣接行列（無向グラフ）

同様に次のような有向グラフについても隣接リストと隣接行列を定義することができます。

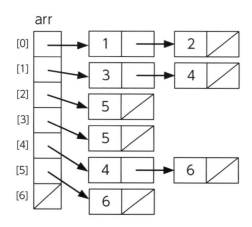

図表 4-21 有向グラフ

各点に隣接するノード（矢印の向き）の番号をリストとして表わします。隣接リストといいます。

図表 4-22 隣接リスト（有向グラフ）

同様に、隣接するノードの番号を行列で表わすことができます。隣接行列といいます。

	0	1	2	3	4	5	6
0	0	1	1	0	0	0	0
1	0	0	0	1	1	0	0
2	0	0	0	0	0	1	0
3	0	0	0	0	0	1	0
4	0	0	0	0	1	0	1
5	0	0	0	0	0	0	1
6	0	0	0	0	0	0	0

図表 4-23 隣接行列（有向グラフ）

ハッシュテーブル

　ハッシュテーブルはキーをもとに生成された**ハッシュ値**を添字としてデータを格納する配列です。ハッシュ値を生成するには**ハッシュ関数**を使います。ハッシュ関数は 0 から配列の要素数未満の整数値を生成するものです。ハッシュ関数は、一様なハッシュ値の分布と、高速な計算が要求されます。

　異なるデータに対して同じハッシュ値を生成してしまうことを**衝突**といいます。衝突が起きた場合、その回避方法は開番地法（別のハッシュ関数を用いて、見つかるまでハッシュ値候補を繰り返し計算する方法）と連鎖法（配列にデータそのものではなく、線形リストや木構造などを格納する）とがあります。

　図表 4-24 では配列と連結リストとを用いた連鎖法を示しています。データの出し入れをする際、ハッシュ関数を用いて格納するデータから配列の添字を計算します。データを入れるときには、計算された添字を使って、データを格納する場所を決め、その先の連結リストにデータをつなぎます。データを取り出すときには、計算された添字はデータが格納されている場所になるので、その先の連結リストを検索します。

　図表 4-24 では、以下の値を格納することを考えます。

　37　82　81　78　27　88　39　45　91　44　41　55　53　34　98　85

　ハッシュ関数：ハッシュ値＝値を 5 で割った余り

　たとえば、37 を 5 で割った余りは、2 ですので、ハッシュ値は 2 となります。

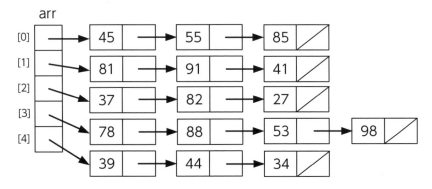

図表 4-24 値を入力した結果のハッシュテーブル（連鎖法）

ハッシュテーブルに値があるかを検索するためには、まず、ハッシュ関数を用いて、ハッシュ値を計算します。たとえば、98 を検索するためには、

　ハッシュ値＝ 98 を 5 で割った余り → 3

　を計算し、arr[3] に繋がれたリストを辿って 98 を検索することができます。

　ハッシュテーブルに値を格納することによって、値を単に、連結リストや一次元配列に格納し、37、82、81、…、98 と順に検索することに比べ、効率的に検索できることがわかります。

練習問題

4-1

配列につけられている番号のことを何というか。次の中から最も適切なものを選びなさい。

①	②	③	④
番地	文字コード	添字	参照

4-2

LIFO（Last In First Out）という入出力を扱うデータ構造を何というか。次の中から最も適切なものを選びなさい。

①	②	③	④
キュー	リスト	スタック	配列

4-3

FIFO（First In First Out）という入出力を扱うデータ構造を何というか。次の中から最も適切なものを選びなさい。

①	②	③	④
キュー	リスト	スタック	配列

4-4

有向グラフの中で最も複雑な構造を表わすものを何というか。次の中から最も適切なものを選びなさい。

①	②	③	④
木構造	リスト構造	ネットワーク構造	スタック

4-5

　木構造のノードの関係を表わす用語で、「根ノードからその子孫になるノードをたどり、葉ノードまでの参照の数」を何というか。次の中から最も適切なものを選びなさい。

①	②	③	④
木構造の高さ	木構造の深さ	木構造の値	木構造の世代

4-6

　ハッシュテーブルにおいて、異なるデータに対して同じハッシュ値を持つとき何というか。次の中から最も適切なものを選びなさい。

①	②	③	④
衝突	同値	合同	連結

第 5 章

オペレーティング
システム

　現在のコンピュータでは、事務処理をしながら、ネットワークに接続し、同時に印刷もするといったように、並行して仕事をすることができます。このような方式をマルチタスクシステムといいます。マルチタスク方式を実現するのは、第0章で紹介した基本ソフトウェアであるオペレーティングシステム（以下、OSという）です。

　発明された当初、コンピュータは大変高価であったため、効率的に活用することが求められました。コンピュータに仕事をさせる際の「計算」をはじめ「記憶領域」などを計算資源といいますが、この計算資源を効率よく活用するためにOSが開発されました。OSは、コンピュータにとって最低限必要なソフトウェアであり、コンピュータ全体を司るものでもあるので、最もハードウェアに近いソフトウェアといえます。

　コンピュータに仕事をさせる場合に、情報処理の単位をタスクおよびプロセス（以下、プロセスという）といい、アプリはOS上でプロセスとして実行されます。

OS の 3 つの目的

　OSは、CPUの実行能力や、主記憶装置や補助記憶装置の計算資源を効率良く利用できるような環境を提供してくれる基本ソフトウェアです。図表5-1は、ハードウェアとソフトウェアという視点でOSを示しています。OSは、ハードウェアとアプリの間を繋ぐソフトウェアで、アプリはOSの助けを借りることで、ハードウェアと通信をすることができます。

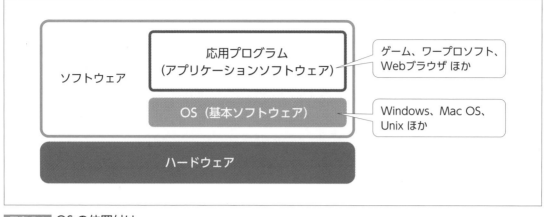

図表 5-1 OS の位置付け

　一般的によく使われる OS の例として、Windows、Android、iOS、MacOS、Linux、FreeBSD などがあり、現在では多くの OS が用いられています。このような OS には多くの機能や利点がありますが、OS についての基本的な理解のために、まずは OS の目的を紹介します。

　OS の目的は 3 つあります。

　1 つめは、**ハードウェアの抽象化**です。コンピュータは、CPU を用いる仕事や周辺装置群を用いる仕事というように複数の仕事しています。この中で共通する部分は、個々のプログラム中でその都度記述するよりも、まとめて OS に任せてしまい容易に扱えるようにしておけば、プログラマは個々のプログラムで実現したい機能のプログラム開発に集中することができます。

　2 つめは、**計算資源の管理**です。主記憶装置に保持できる情報は有限です。OS は、一つのコンピュータで複数のプログラムを同時に実行する際、お互いに独立して並行に実行できるように計算資源を管理します。

　最後は、**コンピュータの利用効率の向上**です。コンピュータ上で複数の仕事を実行させる際に、計算資源の割り当てやプロセスの実行順序を工夫することで、コンピュータ全体の処理能力を向上させることができます。

OS の中核機能

　「ハードウェアの抽象化」「計算資源の管理」「利用効率の向上」という OS の 3 つの目的を達成するため、OS には以下のような機能が備わっています。

OS の中核機能	メモリ管理
	プロセス管理
	同期処理
	入出力管理

これらの中核機能について一つずつみていきましょう。

割込み

中核機能に触れる前に、中核機能を実現するために必要な割込みについてみていきましょう。

本来、コンピュータは、通常の計算を実行している場合でも、**割込み処理**が多く実行されています。人間の世界では敬遠される「割込み」も、コンピュータの世界では、利用効率を向上させるため、さまざまの場面で「割込み」を用いています。

キーボートを押下すれば文字が表示され、マウスを移動させればカーソルが移動しますが、これらはハードウェア割込みの処理です。割込みによって「あらかじめ決められたプログラム」が起動し、実行しています。この割込みを**ハードウェア割込み**といいます。割込みには、他に**内部割込み**や**タイマ割込み**、演算の際に起こる**0割り算割込み**（0で割った際の割込み）があります。

内部割込みは、アプリがOSの機能を利用する場合にシステムコールとして、アプリからOSのプログラムを起動する割込みです。タイマ割込みは、一定時間ごとに「あらかじめ決められたプログラム」を起動する割込みです。0割り算割込みは、演算の際に0で割る計算を実行した際に起こる割込みです。

ＯＳは、これらの割込みを自在に扱い、複雑な機能を実現しています。

メモリ管理

続いてメモリ管理[1]についてみていきましょう。

1 アドレスとメモリ空間

第2章で説明したように、主記憶装置は、複数の情報を格納することができ、選択的に情報を読み書きできる装置です。

主記憶装置上の情報を選択する際に用いるのが番地（アドレス）で、情報の位置を数値で表わします。プログラムにおける全ての命令は、オペランドとして一つの番地を指定する形式になっています。オペランドとオペコードを用いて、その番地に格納されているデータや命令を読み込んでいきます。番地を指定することによってアクセス可能な領域をメモリ空間といいます。

> メモリ空間は、第1章で、図表1-28 メモリマップとして紹介しました。

2 メモリ管理と物理メモリ、仮想メモリ

OSは、情報処理の単位であるプロセスの要求に応じたメモリ領域の割り当てや保護、そのメモリ領域が不要になったときの開放を担っています。この機能をメモリ管理といいます。

主記憶装置に格納できる情報は有限なので、各プロセスがメモリ空間を自由に利用するわけにはいきません。そこでOSは、各プロセスからの要求に応じてメモリ領域を論理的[2]に用意します。この

---

[1] 本書のオペレーティングシステムでは、記憶のことをメモリといいます。

[2] 物理的にメモリがない領域までも、番地を割り当てることを示します。

機能を仮想メモリといいます。一方、コンピュータのバスに直結され、主記憶装置としてアクセスできるメモリ領域のことを物理メモリといいます。

3 スワップアウトとスワップイン

OS は、物理メモリだけでなく当面利用されないメモリ領域をハードディスクなどの補助記憶装置に一時的に退避させることで、物理メモリの容量を超えたメモリ領域を管理することができます。このように、当面利用されないプロセスに割り当てられているメモリ領域を補助記憶装置に一時的に退避させることを**スワップアウト**といい、補助記憶装置から主記憶装置へ読み戻すことを**スワップイン**といいます。スワップアウトとスワップインをあわせてスワッピングといい、スワッピングによって、論理的には、物理メモリより大きなメモリ空間を管理し利用することができるようになります。

プロセス管理

1 プロセスの実行

プログラムは補助記憶装置に格納されており、必要に応じて主記憶装置に読み込み実行することができます。この実行は、OS 上では情報処理の単位であるプロセスとして実行します。プロセスを実行する際にはメモリ空間を割り当てられ、各プロセスは、割り当てられた記憶空間内で独立して実行します。

図表 5-2 プロセス

2 マルチタスク

現在のコンピュータは、ユーザインタフェースとしてマルチウィンドウシステムが搭載されていることが多く、マルチウィンドウシステム上では、複数のウィンドウを開いてさまざまなプログラムを同時に並行にプロセスとして実行することができます。このように、OS が管理し、複数のプロセスが並行して実行することをマルチプロセスまたは、マルチタスクといいます（以下、マルチプロセスという）。

　しかし、実際には、一つの CPU では、同時刻には一つのプロセスしか実行できないので、「タイマ割込み」を用いて、非常に短い時間（数ミリ秒程度）単位でプロセスの実行を切換えることで、あたかも複数のプロセスが実行されているかのように見せかけています。プロセスの実行を切換えることを**コンテキストスイッチ**（context switch）といい、あたかも複数のプロセスが同時に実行しているかのように見せかけることを**タイムシェアリングシステム**（time sharing system）といいます。

　このように、複数のプロセスを並行に実行することで、コンピュータに仕事をさせる際の利用効率を大幅に向上することができます。プロセスへ実行を割り当てる方式を**スケジューリング**といいます。以上のように、プロセスを生成し、スケジューリングして、プロセスを管理する機能をプロセス管理といいます。

4　プロセス管理の流れ

　プロセス管理では、プロセスに状態を定義します。

　一般には、プロセスが生成されると「待機状態」、プロセスを実行できる状態にすると「実行可能状態」、CPU の実行を実際に割り当てられると「実行状態」の３つの状態を定義します。CPU が１つのシングルプロセッサの場合は、「実行状態」のプロセスは同時刻には１つしかありません。「実行可能状態」は、複数ある可能性があり、その複数のプロセスは、優先順位に基づいて「実行可能キュー」というキューに並べられます。スケジューリングにおいて、プロセスを優先順位に基づき、「タイマ割込み」によって「実行可能状態」と「実行状態」を切換え（コンテキストスイッチ）、実現します。

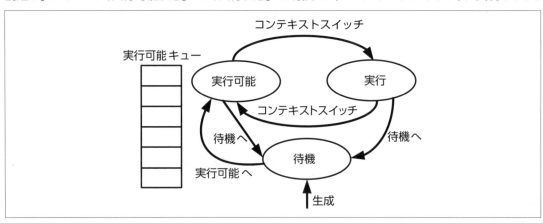

図表 5-3 プロセスの状態遷移（1）

 **同期処理**

1　同期処理とは

　プログラムを作成し、プロセスとして実行するとき、複数のプロセス間で実行を合わせながら（待ち合わせをしながら）処理することが必要な場合があります。このような OS の機能を同期処理といいます。

プロセスが他のプロセスを待つ場合は、プログラム中で繰返し処理を用いて一定時間待つ（ビジーウェイト）方式がありますが、この方式では CPU の不要な計算資源を消費してしまうため、CPU の計算資源を消費しない方式が必要となります。そのため、待ち合わせの際にプロセスの状態を一時的に「待ち状態」（セマフォ待機状態）にし、CPU の実行を放棄させる方式を OS が提供しています。これにより計算資源の利用効率を上げることができます。

2　セマフォ

　代表的な同期処理としてセマフォがあります。
　本来、セマフォとは図表 5-4 で示すように、単線の電車が互いに反対方向に進むとき、衝突しないために必要な信号機のことをいいます。ここでは、セマフォを旗の上げ下げで表わし、それぞれ、信号の「青」、「赤」に相当するとします。

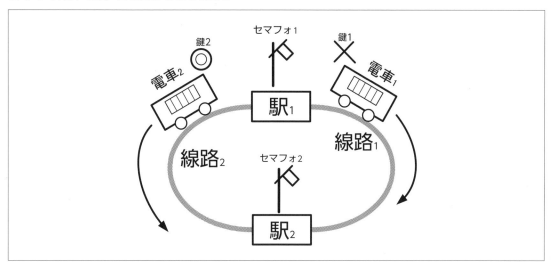

図表 5-4 セマフォ

　図表 5-4 では、セマフォの「青」、「赤」を切換えることで衝突を防ぐことができます。

3　Signal 命令と Wait 命令

　OS で同期処理を行うために、Wait 命令と Signal 命令を以下のように定義します。
　まず、セマフォを生成するとセマフォ番号がつけられます。セマフォは 0 以上の整数を保持する（セマフォ値）とし、セマフォを生成する際に、初期化するとします。
　Wait (n) は、n をセマフォ番号とし、最初に「セマフォ値」を 1 減算します。そして、「セマフォ値 ≦ 0」の場合、待機します（セマフォ待機状態）。プロセスはセマフォキューに入れられ、順番に処理されるのを待ちます。「セマフォ値＞0」になったら実行を再開します。「セマフォ値＞0」の場合は、そのまま次を実行します。
　一方、Signal (n) は、セマフォ番号 n の「セマフォ値」を 1 加算します。

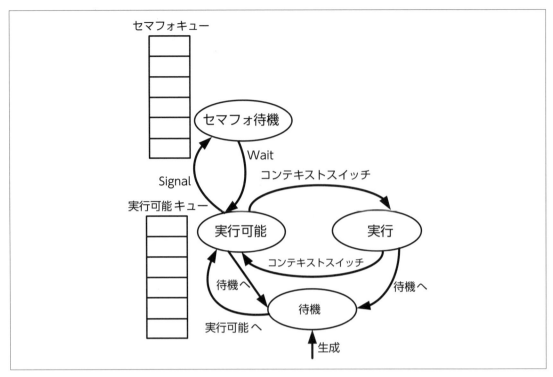

図表 5-5 プロセスの状態遷移（2）

 入出力管理

　OS の中で、入出力処理を行う機能を入出力管理といい、周辺装置を用いて入出力処理をするプログラムをデバイスドライバといいます。入出力管理では、デバイスドライバを管理し、周辺装置が接続されると自動的に対応するデバイスドライバを起動し、アプリからの入出力命令により入出力を実行します。

> 　第0章で説明したように、周辺装置への入出力は、入出力インタフェースを通して行います。入出力処理には、周辺装置ごとにバッファを用意するとともに、入出力処理のプログラムが必要になります。実際の入出力処理の起動は、実行中のアプリからプロセスとして行います。

　たとえば、入力処理では、プロセス A から「読み込み命令」が周辺装置に送られ、周辺装置からデータが読み込まれ、周辺装置に用意された一時メモリ（**バッファ**という）にデータが格納され、ハードウェア割込みによってプロセス A に「読み込み」完了が知らされます。その後、実際にプロセス A がバッファからデータを読み込みます。

　以上の処理の中で同期処理を利用して、周辺装置との「待ち合わせ」を行っています。出力処理も同様に行いますが、ハードウェア割込みも「書き込み」完了の通知で用います。

 カーネルとシェル

　これまで紹介した OS の機能は中核部分であり、一般に**カーネル**（kernel、核）といいます。カー

ネルは、メモリ、CPU、入出力装置群を抽象化し、ハードウェアとソフトウェアが情報を交換できるようにしています。また、アプリのための機能として、プロセスの抽象化やシステムコール（内部割込み）などの機能も提供します。しかし、カーネルは、ユーザと直接対話をする機能を持っていません。そこで、ユーザがカーネルに対して操作を命令し、結果を表示する機能を持つプログラムとして**シェル**（shell、殻）があります。シェルは、ユーザの操作をカーネルに伝え、カーネルが提供する機能へアクセスします。

ユーザが OS に与える指示を**コマンド**といいます。シェルは、ユーザインタフェース（user interface）を通してコマンドを伝えます。ユーザインタフェースとは、本来は、ユーザである人間とコンピュータの操作系を指し、本来 OS の機能ではありません。

> コマンドとは、命令という意味です。

コマンドの伝え方は、ユーザインタフェースの違いによって 2 つに分類することができます。ひとつは、CUI（character user interface）を用いたシェルで、もう一つが、GUI（graphical user interface）を用いたシェルです。

GUI を用いたシェルは、現在多くのコンピュータで搭載されているマルチウィンドウシステムを通してコマンドを伝えます。たとえば、Windows のデスクトップ環境や Windows エクスプローラ、Mac OS のファインダがこれに相当します。CGI を用いたシェルは、ウィンドウシステムを搭載しないコンピュータにて 1 文字ずつコマンドを入力する方式で指示を伝えます。

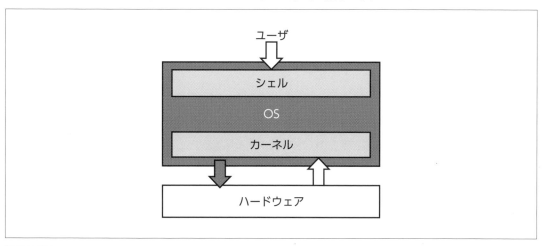

図表 5-6 カーネルとシェル

 API と ABI

OS とアプリとの間のインタフェースとして機能しているものに API（Application Program Interface）と ABI（Application Binary Interface）があります。

API は、プログラム中で記述してライブラリとのインタフェースを定義したもので、関数、データ構造、変数などの仕様が含まれます。同じ API をサポートした OS 間では同じソースコードをコンパイルして利用することができます。「入出力管理」で紹介したように、OS の機能を利用するときは、

関数を呼び出します[3]。つまり、API は、ソースコード（アプリ）と OS の間のインタフェースとして機能します。

　一方 ABI は、バイナリプログラム（または、オブジェクトプログラム[4]）の文脈における、アプリと OS の間のインタフェースです。ABI は、システムコールの仕組み、関数の引数がどのように受渡されるか、関数が受渡された値をどう返すかといった呼び出し規約や、オブジェクトプログラムのバイナリ形式などを定めています。これによって、同じ ABI をサポートする OS 間では同じ実行ファイルを変更なしで実行することができます。

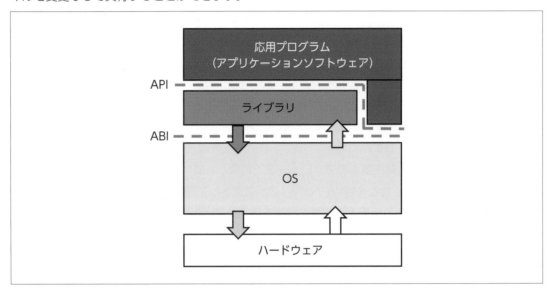

図表 5-7　API と ABI

その他の機能

　これまでに説明した機能の他に、現在の OS は、ファイル管理、ユーザ管理、ネットワーク、セキュリティ、ユーザインタフェースといったさまざまな機能を提供しています。

1 ファイル管理

　補助記憶装置上の情報管理も OS が提供する機能です。

　補助記憶装置上の情報の単位をファイルといい、OS はファイル単位で管理しています。

> コンピュータはプログラムとデータを主記憶装置に読み込み、プログラムによって計算を進めます。このため、ファイルには、プログラムとデータの 2 つがあります。

　補助記憶装置に保持した多くのファイルを論理的に整理できるようにディレクトリ（フォルダともいう）を作成します。ディレクトリの中にファイルを格納して管理し、これらを階層的に管理しています。この OS の機能をファイル管理システムといいます。

---

[3] OS の機能を呼び出すために使用される仕組み。システムコール。

[4] ソースコードが変換された結果のプログラム。

　このファイル管理システムでは、ファイルやディレクトリに対して、ファイルのコピー、削除、移動、ファイル名の変更、ファイル属性の変更、ディレクトリの作成と削除などの操作を行う機能があります。

　なお、階層的なファイル管理システムは、木構造になっています。最上位のディレクトリをルートディレクトリといいます。階層構造に対して、上位のディレクトリを親ディレクトリといい、下位のディレクトリをサブディレクトリといいます。注目しているディレクトリをカレントディレクトリといいます。

　ファイルの位置を指定するために、ルートディレクトリから、カレントディレクトリを示した道筋をディレクトリパスといいます。ルートディレクトリからカレントディレクトリまでの経路を絶対パス、カレントディレクトリを基準にした経路を相対パスといいます。図表 5-8 に例を示します。ファイル B の絶対パスは「¥A¥C¥ ファイル B」で、ディレクトリ C から示したファイル A の相対パスは、「..¥ ファイル A」となります[5]。

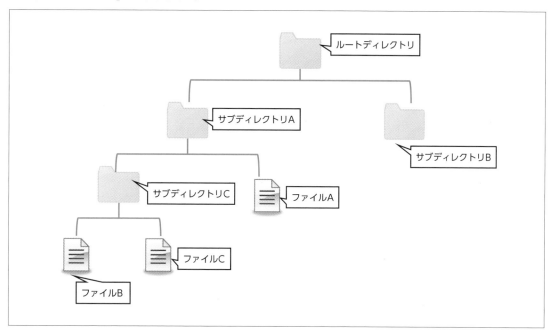

図表 5-8　ディレクトリの階層構造の例

　プログラムが OS を通してファイルを読み書きするためには、プロセスから OS に対して**システムコール**を呼び出します。これは内部割込みによって実現します。システムコールを依頼された OS は、プロセスとファイルを結びつけます。データのやりとりにもシステムコールを用います。システムコール（ファイルに対する操作）には、次のようなものがあります（図表 5-9）。

---

5 ルートディレクトリを「¥(円マーク)」で表します。「..」とは一つ上のディレクトリを表わします。

操作	説明	操作概要
open	ファイルを開く	ファイルの操作準備をする。
read	読み込み	open したファイルの内容を読み込む。
write	書き込み	open したファイルにデータを書き込む。
close	ファイルを閉じる	open したファイルを切り離す。

図表 5-9 ファイルに対する代表的な操作

2 ユーザ管理

　OS には、1 台のコンピュータを複数のユーザで共有する機能があります。これを**マルチユーザシ**
ステムといいます。これにより、OS やファイル、プロセスを各ユーザの所有物として、管理・保護
することができます。この機能をユーザ管理といいます。ユーザアカウントとは、コンピュータを利
用するユーザの登録情報で、ユーザを識別することを目的とし、一意のユーザ名とパスワードで構成
されます。たとえば、コンピュータにログインするときはユーザ名とパスワードを入力します。OS
は事前に登録されているユーザ名・パスワードと一致すればログインを許可します。そのほかにも、
ファイルへのアクセス制限や、OS 上でユーザが実行できる操作をまとめたユーザ権利設定をユーザ
アカウントに基づいて OS が管理しています。なお、ユーザアカウントには、管理者とよばれるユー
ザアカウントと、一般ユーザアカウントの 2 種類があります。管理者アカウントは、全権限を持ち、
通常、システムアドミニストレータが使う特殊なユーザアカウントです。OS によって呼称は異なり
ますが、スーパユーザ (superuser)、アドミニストレータ (administrator)、ルート (root)、アド
ミン (admin) などといわれています。

3 ネットワーク管理

　現在、コンピュータはネットワークに接続して利用することが当たり前になってきました。具体的
には、**LAN**（local area network）や **WAN**（wide area network）に接続する機能を持ち、コン
ピュータ間でネットワークを通して情報通信するときは、送り手と受け手の双方でプロトコル（通
信規約）という共通の約束事に従って通信を行います。インターネット上の情報通信では、TCP/IP
という通信プロトコルが主流であり、TCP/IP に従って情報がやり取りされています。現在の多くの
OS も、TCP/IP プロトコルをサポートして通信を行っています。
　OS がネットワーク機能を提供することにより、異なる OS を搭載したコンピュータ間でネットワー
クを形成することが可能となり、コンピュータの計算能力や、ファイル、プリンタ、スキャナーを共
有できるようになります。さらには、ネットワーク間通信により、OS が遠隔地にあるコンピュータ
の計算資源をあたかも手元の計算資源であるかのように扱うことができるのです。

4 セキュリティ

　ネットワークにつながるということは、コンピュータウィルスのようなセキュリティ上の危険に直
面していると考えてよいでしょう。OS が提供するセキュリティ機能は、ユーザが情報資源へアクセ
スする際、ユーザを認証し、ユーザのアクセスレベルを決定し、ユーザが許されている範囲での権限
を許可することです。また、他者がネットワーク経由で OS にログインしようとする際に、セキュリ
ティを確保することも OS の仕事です。

5 ユーザインタフェース

　本来、ユーザインタフェースは OS の機能ではありません。しかし、現在のコンピュータでは、Windows のようなマルチウィンドウシステムが標準で搭載され、複数のウィンドウを操作しながらコンピュータに仕事をさせることができます。そのため、ユーザインタフェースを OS の機能の一部として捉えることもできます。

　キーボード、マウスのような周辺装置からデータを取得し、コンピュータでなんらかの処理をし、結果をディスプレイやプリンタなどの出力装置に出力する OS の機能は、ユーザインタフェースを通して、処理します。

　主なユーザインタフェースとして紹介した GUI は、初心者ユーザにとっても違和感なく操作することができるように設計されています。たとえば、OS を起動すると現われるデスクトップ環境は、コンピュータ内部を意識させることなく、デスクトップ（机上）に書類を広げる感覚で操作できるように設計されています。

　なお、ユーザインタフェースはアプリとして（プロセスとして）用意される場合もあります。

練習問題

5-1

OS の本来の目的でないものはどれか。次の中から選びなさい。

①	②	③	④
できるだけ高速に安価に計算する。	計算資源を管理する。	ハードウェアを抽象化する。	利用効率を向上させる。

5-2

OS の中核機能を何というか。次の中から最も適切なものを選びなさい。

①	②	③	④
センター	モジュール	シェル	カーネル

5-3

OS の機能の中で仮想メモリに関する用語はどれか。次の中から最も適切なものを選びなさい。

①	②	③	④
コンテキストスイッチ	タイムシェアリングシステム	スワップイン	セマフォ

5-4

タイムシェアリングシステムにおいて、プロセスの実行を切り替えることを何というか。次の中から最も適切なものを選びなさい。

①	②	③	④
セマフォ	コンテキストスイッチ	Signal 命令	API

5-5

OS 上のプロセスに CPU を割り当てる方式を何というか。次の中から最も適切なものを選びなさい。

①	②	③	④
スケジューリング	入出力	セマフォ	割込み

5-6

ユーザが OS に与える指示を何というか。次の中から最も適切なものを選びなさい。

①	②	③	④
シェル	カーネル	コマンド	スケジューリング

5-7

「人間とコンピュータの境界」を指す用語で、人間がコンピュータに命令を送る際のソフトウェアツールを指すものは何か。次の中から最も適切なものを選びなさい。

①	②	③	④
コマンド	カーネル	モジュール	ユーザインタフェース

5-8

入出力において、データを一時的に保存するメモリ領域を何というか。次の中から最も適切なものを選びなさい。

①	②	③	④
コマンド	シェル	バッファ	ディレクトリ

5-9

ファイル管理システムにおいて、ファイル群を階層的に管理するために必要なものを何というか。次の中から適切なものを選びなさい。

①	②	③	④
ディレクトリ	バッファ	パーミッション	属性

5-10

OS の管理下で、タイマ割込みを用いて複数のプロセスが並行に実行することができるシステムを何というか。

①	②	③	④
スケジューリング	タイムシェアリングシステム	同期処理	セマフォ

5-11

広域ネットワーク（WAN）に対して、局所ネットワークを示す用語は、どれか。次の中から最も適切なものを選びなさい。

①	②	③	④
WWW	TCP/IP	LAN	API

5-12

コンピュータの割込み処理として適切でないものはどれか。次の中から選びなさい。

①	②	③	④
タイマ割込み	内部割込み	ハードウェア割込み	指定割込み

第 **6** 章

情報セキュリティ

　情報通信技術の高度化、一般化に伴い、企業や団体、教育機関などの各組織だけでなく、一般家庭でもコンピュータが活用されています。これまで紙媒体で扱っていた情報も手軽に電子媒体化することが可能となり、その手軽さゆえに、組織が扱う情報の量が増加しています。しかし、取り扱う情報の重要性が高まると、事故が発生したときの影響も大きくなります。そのため、企業や団体、教育機関、個人という立場にかかわらず、情報を適切に管理する必要があります。また、コンピュータおよび情報通信技術を活用するにあたり、どのような危険が潜んでいるかを理解しておくことも重要です。

情報資産と情報セキュリティの重要性

　「情報資産」とは、コンピュータの中に格納されたデータ、これらを印刷した紙媒体や、ソフトウェア、コンピュータやネットワーク機器などの、守るべき価値のあるもののことです。情報セキュリティでは、「情報に関わる価値ある資産全体」を、安全に守らなければならない対象としています。

　たとえば、顧客情報のようなその企業でのみ用いられるべき情報が流出し、他の組織で利用されてしまうと、その企業は、顧客へのお詫びやセキュリティ対策のための費用を捻出して対策を行わなければなりません。さらには、顧客や市場に対する信頼やブランド力が低下し、企業の存続すら危うくなることも少なくありません。

　しかし、情報セキュリティの対策を万全にしてあれば、もし不測の事態が発生したとしても、適切な対応を行うことができ、被害を最小限にとどめることが可能です。あるいは、不測の事態への対応が適切であった場合は、組織の評価が向上することもあり得るのです。

　このように、情報通信技術が大きく進展し、活用されている現代社会では、情報セキュリティの重要性は非常に高いといえます。

情報セキュリティの定義

　情報セキュリティマネジメントシステムの国際規格 ISO/IEC27000 ファミリーでは、情報セキュリティを以下のように定義しています。

情報セキュリティとは、情報の機密性、完全性及び可用性を維持すること、さらに、真正性、責任追跡性、否認防止、信頼性などの特性を維持することを含めることもある。

定義に述べられている特性の意味は以下のとおりです。

機密性（Confidentiality）	アクセスを許可された者だけが、確実に情報にアクセスできること。
完全性（Integrity）	情報や処理方法が正確であることおよび完全であることを保護すること。
可用性（Availability）	許可された利用者が必要なときに情報及び関連する資産に確実にアクセスできること。
真正性（Authenticity）	利用者、システム、情報などが、間違いなく本物であると保証（認証）すること。
責任追跡性（Accountability）	ユーザやプロセス（サービス）などの動作・行動を一意に追跡でき、その責任を明確にできること。
否認防止（Non-repudiation）	ある事象や行動が発生した事実を、あとになって否認されないように保証できること。
信頼性（Reliability）	情報システムやプロセス（サービス）が、矛盾なく、一貫して期待した結果を導くこと。

情報の分類

情報資産は、「有形資産」と「無形資産」に大別できます。それぞれの例は以下の通りです。多くの情報資産をどれも同じように保護することは難しいので、情報セキュリティでは、守るべきものを明確にし、守る価値の高いものから優先順位をつけて適切に保護します。

有形資産の例：
- 紙に印刷されたデータ
- サーバやコンピュータなどのハードウェア
- ネットワーク機器

無形資産の例：
- 個人情報や人事情報、営業情報、知的財産関連情報などのデータ
- OS やアプリケーションソフトウェア
- 人間の知識や経験

優先順位をつけるときには、一般的に以下のように考えます。

1	情報資産を特定する。
2	その情報が公開情報なのか非公開情報なのかを認識する。
3	その上で、その情報にはどのような価値があるのかを考えて重要度のランク付けをし、重要性を明確化する。

組織で扱う情報には「公開情報」と「非公開情報」があります。**公開情報**とは、Web ページや製品カタログといった一般に公開している情報、あるいは一般に公開しても問題のない情報のことです。一方、**非公開情報**とは、公開することで組織が不利益を被る情報のことです。具体的には、新製品開発情報といった機密情報や、顧客情報、住所情報などの個人情報が該当します。

公開情報か非公開情報なのかによって、その情報の取り扱いには違いがありますが特に非公開情報については扱いを区別するなど、注意する必要があります。

情報資産の管理

管理対象となる情報資産の特定ができたら、どのような情報資産が管理対象となっているか文書化し、情報資産をいつ受け入れたのか、利用範囲はどうなっているのか、いつまで保管するのか（いつ廃棄や消去をするのか）を管理しておくことが望ましいです。このような管理のために用いられるのが、**情報資産台帳**です。

情報資産台帳は、セキュリティ対策の第一歩となるものです。変更のたびに内容を見直すか、定期的に内容を見直し、常に最新の状態を維持しておくことが重要です。総務省も、情報資産をリスク分析し、情報資産台帳を作成することで、リスクから情報資産を守るためのリスクマネジメントの重要性を呼びかけています。

情報資産台帳に記載する項目[1]の例には、以下のようなものがあります。

情報資産台帳の項目例：

- 名称（書類名、ファイル名）
- 管理者・管理部門
- 記録媒体の種類
- 保管場所
- 保存期間
- 登録日

脅威とぜい弱性

情報通信技術は、私たちの毎日の暮らしや社会活動になくてはならない重要な基盤になっています。情報資産には、誰でも簡単に素早く利用できる利点がある反面、コンピュータウィルスに感染したり、情報システムが不正にアクセスされたりする事例が後をたちません。このように、情報資産を脅かし、損害を与える直接の要因となるもののことを**脅威**といいます。

脅威は、コンピュータウィルスへの感染や不正アクセスだけではありません。たとえば、火は、紙に印刷されたデータに対して損害を与える要因となります。火災、地震、風水害、停電は環境的脅威であり、環境的脅威によって情報システムやデータは、破壊や消失の被害を受けます。脅威から情報

---

[1] 独立行政法人情報処理推進機構（IPA）が提案する情報資産台帳では、利用者管理や重要度管理を一括して行えます。

資産を守って安全に活用するためには、情報資産を脅かすさまざまな脅威を理解して適切な対策を講じていくことが重要です。

脅威を受け入れてしまう情報セキュリティ上の弱点のことを**ぜい弱性**といいます。たとえば、コンピュータウィルスを受け入れてしまうぜい弱性の一つは、ウィルス対策ソフトを導入していないことです。

以下に、情報資産を脅かす脅威につき、人的脅威と技術的脅威に分けて説明していきます。さまざまな脅威を理解しておきましょう。

1 人的脅威の種類と特徴

人的脅威は、情報の紛失や誤送信など、人間が原因となる脅威のことです。つまり、物理的・人的手口によって重要な情報を入手し、その情報を悪用することです。このように、人間の心理的な弱点をつくことで情報を入手して悪用することを**ソーシャルエンジニアリング**といいます。代表的な人的脅威は、図表 6-1 の通りです。

脅威の種類		特徴
意図的脅威	なりすまし	第三者になりすまして不正アクセスのための情報を聞き出したり、盗んだ ID やパスワードを用いて正規のユーザになりすましたりしてコンピュータを悪用すること。
	侵入	盗んだり拾ったりした ID カードなどを利用し、建物に侵入すること。
	盗み見	パスワードを入力しているときにキーボードを見たり、席をはずしている人の机上にあるメモやノートを見たりすること。
	トラッシング（ごみ箱あさり）	清掃員になりすましてごみ箱をあさり、顧客情報、人事情報など価値のある情報を収集すること。
	改ざん	不正に情報システムやコンピュータに侵入し、情報システムやコンピュータ内のデータを不正な手段で書き換えること。
	クラッキング	不正に情報システムに侵入し、情報を破壊したり改ざんしたりすること。このような行為を行う者を「クラッカー」という。
	情報の盗難	不正に情報システムに侵入し、情報システム内の重要な機密情報を持ち出すこと。
偶発的脅威	情報の紛失、漏えい	社内の業務用ノートパソコンを社外に持ち出し、置き忘れることで、重要な情報を紛失してしまうこと。紛失した機密情報は、第三者に漏えいする可能性がある。
	誤操作	電子メールの誤操作（メールアドレスの間違いやファイルの添付間違い）によって、正規のユーザが誤って重要な情報を流出させてしまうこと。

図表 6-1 代表的な人的脅威

技術的脅威とは、特定のプログラムによる脅威のことで、安全なプログラムを偽装したもの、プログラムのぜい弱性を狙うもの、機械的に動作を繰り返し行うものがあります。つまり、IT を悪用した脅威のことです。代表的な技術的脅威は、プログラムを悪用したもの、システム攻撃に関するもの、個人の身近に潜むものの大きく 3 つに分類することができます。

まず、プログラムを悪用したものには、図表 6-2 のようなものがあります。

名称	説明
マルウェア	コンピュータウィルスに代表されるコンピュータの安全上の脅威となるソフトウェアや不正プログラムの総称のこと（コンピュータウィルスやワームも含まれる）。
コンピュータウィルス	他のコンピュータに侵入して増殖したり、データを破壊したりする悪意のあるプログラムのこと。
ワーム	ネットワークに接続されたコンピュータに対して自己増殖していくコンピュータウィルスのこと。
マクロウィルス	日本語ワープロソフトや表計算ソフトに用意されているマクロ[2]機能を使って作成されたウィルスのこと。たとえば、不正なマクロが含まれた表計算ソフトのファイルを実行してしまうと、マクロウィルスは、自己増殖や破壊などの感染活動を実行する。
ボットウィルス	コンピュータを悪用することを目的に作られたウィルスのこと。ボットウィルスに感染したコンピュータは、作成者から命令が来ると活動を始める。なお、ボットウィルスのことを単にボット（Bot）と表現することがあるが、Bot は robot の短縮系で、作業を自動化するプログラムの総称である。Bot は悪意のあるものだけではない。
ボットネット	ボットウィルスに感染したコンピュータで構成されたネットワークのこと。
スパイウェア	コンピュータの内部でそのユーザに知られないで、こっそりとそのユーザに関する情報を収集し、それを情報収集者へ送り出すソフトウェアの総称である。スパイウェアは、自己増殖の機能を持っていない。
トロイの木馬	無害（有用）なプログラム（あるいはデータファイル）のように偽装されていながら、マルウェアとして機能する部分を隠し持っており、実行すると不正処理を行うプログラムのこと。
ランサムウェア	感染したコンピュータは、ユーザがそのコンピュータの内部へアクセスすることを制限したり、コンピュータを使用不能にしたりする一方、これらの解除の見返りとしてランサムウェアの作成者がそのユーザに金銭の支払いなど何らかの要求をするマルウェアのこと。
バックドア	情報セキュリティ用語としてのバックドアとは、正規の使用権（ID やパスワード）がないと利用できないコンピュータの機能を無許可で利用するために、他人に知られることなくコンピュータ内に設けられた通信接続経路のこと。

図表 6-2 代表的な技術的脅威その 1（プログラムを悪用）

---

2 ソフトウェアの操作を自動的に行う機能のこと。頻繁に行う操作の処理手順を登録しておくと、それらを一括して行うことができます。操作の処理手順の登録方法は、一連の手順をソフトウェアの機能を使って記録する方法と、プログラミングで記述する方法があります。Microsoft office の場合、後者では VBA を使います。

代表的なシステム攻撃に関する技術的脅威には次のようなものがあります（図表 6-3）。

名称	説明
パスワードクラック	コンピュータや情報システムで保存あるいは伝達されるデータからパスワードを解析すること。パスワードクラックの一般的な手法では、総当たり攻撃（類推したパスワードを繰り返し試す）や、辞書攻撃（パスワードとして使われそうな単語を集めた辞書を作り、その中の単語を試行する）がある。
パスワードリスト攻撃	攻撃者が入手した ID とパスワードや、流出してしまった ID とパスワードを用いて、不正アクセスを試みる攻撃のこと。
DoS 攻撃	サーバやネットワークに意図的に過剰な負荷をかけてその機能を停止させること。DoS とは Denial of Service attack のこと。
標的型攻撃	特定の企業や個人の情報を狙って行われる攻撃。
水飲み場型攻撃	標的となる組織内の個人が普段参照する Web サイト（水飲み場）を特定して、その Web サイトを改ざんし、そこへアクセスしてきた個人の PC に、気づかれないように悪意のあるソフトウェアをダウンロードさせるなどしてマルウェアに感染させる手法。
リプレイ攻撃	ユーザがネットワーク上のサービスにログインするときのデータを盗聴（ルータなどを通じて行う）してコピーし、コピーしたデータを認証サーバへ送って不正ログインをしようとする攻撃。
クロスサイトスクリプティング	動的 Web サイト（ユーザのアクセス時に表示内容が生成される Web サイト）のぜい弱性、あるいはそのぜい弱性を利用した攻撃のこと。 動的サイトで表示内容を生成する際、Web ページに攻撃者が作成した不正なスクリプトが紛れ込み、Web サイトを閲覧したユーザ環境で、紛れ込んだスクリプトが実行されることによって発生する。

図表 6-3 代表的な技術的脅威その 2（システム攻撃に関する技術的脅威）

個人の身近に潜む技術的脅威には次のようなものがあります（図表 6-4）。

名称	説明
フィッシング	インターネットのユーザから経済的価値がある情報を奪うために行われる詐欺行為のこと。たとえば、実在する企業や団体を装ってメールを送信したり、偽の Web サイト（正規のものに見せかける）によってクレジットカード番号、ユーザ名、パスワードなどの個人情報を不正に入手する行為。
スミッシング	「SMS（ショートメッセージサービス）」と「フィッシング」を組み合わせた言葉。携帯電話などの SMS に偽装メッセージを送り付け、個人情報を不正に取得しようとする詐欺のこと。
スパムメール	受信者の意向を無視して、無差別かつ大量にばらまかれる宣伝目的のメールのこと。
ワンクリック詐欺	Web ページ上の特定のアダルトサイトや出会い系サイト、受信者の意向を無視して無差別に送りつけられた電子メールに記載されている URL をクリックしただけで、契約したことにされてしまい、料金の支払いを請求される詐欺のこと。

図表 6-4 代表的な技術的脅威その 3（個人の身近に潜む技術的脅威）

人的脅威や技術的脅威による被害を最小限にするためには、適切なセキュリティ対策を実施する必要があります。

たとえば、人的脅威対策には、社内規定や社内マニュアルを作成し、組織のセキュリティを明文化し、

利用者が遵守することを徹底すること、また、組織内のアカウント管理やアクセス管理を行い、必要な利用者だけにアカウントを発行して、情報を必要な人だけに開示するという、利用者や利用内容の制限をする対策があります。

　技術的脅威への対策では、たとえば、コンピュータウィルス対策があります。具体的にはコンピュータウィルス対策ソフトによって感染を防いだり、感染したときの利用制限措置や、感染したデータを復旧する場合の手順やマニュアルを定めておくことが挙げられます。特にマルウェア対策として、マルウェアへの対策機能が組み込まれている Web ブラウザを利用し、アップデートをしっかり行う必要があります。

　このように脅威を理解することで、犯罪が起こりやすい状況や環境を改善することが可能となり、予防対策が行えるようになります。

情報社会の法

　近年のコンピュータ犯罪の増加に伴い、セキュリティ関連法規が重要視されています。現在の日本の法律では、「法律を知らなかった人」が罪を犯しても、犯罪として取り扱われます。知らずに行った行為が法律に違反していたとしても、知らなかったではすまされません。

　また、あらゆる手段で情報を入手できる現代社会では、著作権、プライバシー権などにも注意する必要があります。情報倫理[3]、ルール、法律に注意を払って有効に情報を活用しましょう。

法律・ガイドライン名	説明
著作権法	昭和 46 年に現行法が施行された。 創作者により創作的に表現されたものを保護する権利。近年のコンピュータの普及に伴い、絵画、小説、実演、レコードだけでなくプログラムやデータも保護の対象となっている。 著作権には、大きく分けて「著作人格権」と「著作財産権」がある。
不正アクセス行為の禁止等に関する法律 （不正アクセス禁止法）	代表的なセキュリティ関連法規。不正なアクセス行為を犯罪と定義して取り締まるための法律。 たとえば、他人のユーザ ID、パスワードを利用し、正規のユーザになりすましてコンピュータを利用した場合は、3 年以上の懲役または 100 万円以下の罰金が課せられる。
個人情報の保護に関する法律 （個人情報保護法）	個人の権利利益を保護することを目的とした法律。個人情報取り扱い事業者の守るべき義務も定められている。 たとえば、個人情報を利用目的の範囲を超えて取り扱う行為や、個人情報を不正な手段で取得する行為が禁止されている。
特定電子メールの送信の適正化等に関する法律 （迷惑メール防止法）	ダイレクトメールや宣伝の電子メールを不特定多数の人に大量に送信することによって起こるトラブルを防止することを目的として制定された法律。 たとえば、送信者情報を偽った電子メール、送信の同意をしていない者に電子メールを送信した場合は、1 年以下の懲役又は 100 万円以下の罰金（法人は 3000 万円以下の罰金）が課せられる。

図表 6-5 情報社会の法律やガイドライン

---

[3] 情報倫理とは、情報社会において注意すべき情報モラルや情報マナーのことです。

その他の権利

法律上明確な根拠条文が存在しなくても、判例などで事実上認められている権利もあります。最近では、携帯端末を使って、誰でも簡単に写真や動画を撮影でき、世の中に発信できる仕組みがあります。このように、撮影や発信が簡単にできる分、肖像権やプライバシー権に対する配慮が求められています。

■ プライバシー権

個人の私生活を他人に見せないようにしたり、人としての尊厳を守ったりするための権利です。個人の会話を盗聴したり、行動を監視したり、個人の私生活を暴露したりすることは、プライバシー権の侵害にあたります。

■ 肖像権

写真や動画に撮影されたり、絵に描かれた個人の肖像を守る権利です。他人の写真や映像を無断で撮影したり、公表したりすることは、肖像権の侵害にあたります。

■ パブリシティ権

著名人（俳優・タレントやスポーツ選手）の肖像には経済的な価値があります。パブリシティ権は、著名人の名前や肖像に対する経済的利益を保護するためのものです。著名人の名前や肖像を許可なく利用したり、販売したりすることは、パブリシティ権の侵害にあたります。

練習問題

6-1

情報セキュリティマネジメントシステムの国際規格 ISO/IEC27000 ファミリーで定義されていない、情報に関するセキュリティの性質はどれか。次の中から選びなさい。

①	②	③	④
機密性	汎用性	可用性	責任追跡性

6-2

情報資産の分類として「有形資産」にあたるものはどれか。次の中から最も適切なものを選びなさい。

①	②	③	④
ソフトウェア	人間の知識や経験	個人情報	ハードウェア

6-3

脅威を受け入れてしまう情報セキュリティ上の弱点を何というか。次の中から最も適切なものを選びなさい。

①	②	③	④
ワーム	ぜい弱性	マルウェア	可用性

6-4

代表的な技術的脅威はどれか。次の中から最も適切なものを選びなさい。

①	②	③	④
なりすまし	侵入	バックドア	改ざん

6-5

代表的な人的脅威はどれか。次の中から最も適切なものを選びなさい。

①	②	③	④
マルウェア	ワーム	トロイの木馬	クラッキング

6-6

人間の心理的な弱点をついて情報を入手して悪用することを何というか。次の中から最も適切なものを選びなさい。

①	②	③	④
なりすまし	ソーシャルエンジニアリング	リバースエンジニアリング	トラッキング

6-7

物理的・人的な手口によって重要な情報を入手し、その情報を悪用しようとする行為はどれか。次の中から最も適切なものを選びなさい。

①	②	③	④
DoS 攻撃	フィッシング	水飲み場攻撃	クラッキング

第 7 章

アルゴリズム

　アルゴリズムについては第3章でプログラムに関連して簡単にふれましたが、本章では、具体例を交えてさまざまなアルゴリズムを紹介することで、アルゴリズムそのものを学ぶと同時に、効率的なアルゴリズムとは何かを考え、「計算量」という概念を学びます。

アルゴリズムの形式的な定義

　第3章では、アルゴリズムを「一定の計算や処理を行うための手順」と説明しました。それでは、以下のような処理の指示はアルゴリズムといえるでしょうか。

> 数値を読み取って、合計に加算するか、合計から減算する。

　これはアルゴリズムではありません。どのようなときに加算して、どのようなときに減算すればよいかわからないからです。処理の手順の中に曖昧さが含まれているものはアルゴリズムではありません。それでは、以下のような処理の指示はどうでしょう。

> すべての素数を列挙せよ。

　素数は、2, 3, 5, 7, 11, 13, 17, … のように1と自分自身以外では割り切ることのできない自然数です。与えられた自然数が素数かどうかを判定することはできるので、自然数を順に調べていけばよいように思えます。しかし素数が無限に存在することは証明されています。したがって、この指示は明らかに実行不可能です。一般にこのようなものはアルゴリズムとはみなされません。アルゴリズムは停止しなければいけないからです。そこで、アルゴリズムの形式的定義は次のようになります。

> アルゴリズムとは、停止するプロセスを定義する曖昧さのない実行可能な手順の順序集合である。

　ここで、**順序集合**とは「順序を考慮した集合」のことで、一般の集合では、{ 23, 42, 12 } も、{ 42, 23, 12 } も、{ 12, 23, 42 } も同じ集合として扱いますが、順序集合では、構成要素だけでなく順序も考慮するのでこれらを異なる集合として扱います。

アルゴリズムの表現と「順次」

アルゴリズムとその表現の違いを区別することは重要です。アルゴリズムは抽象的なもので、さまざまなかたちで表現することができます。プログラムも、その表現の１つにすぎません。

たとえば摂氏で与えられた温度を華氏に変換することを考えます。摂氏から華氏への変換は、以下のように代数式で記述することができます。

$$F = C \times \frac{9}{5} + 32$$

C：摂氏で与えられた温度を表す変数、F：変換後の華氏による温度

しかし、代数式はアルゴリズムではありません。「代数式の右辺の式を左から右に評価して、その結果を左辺の値とする」という手順がわかっているからこそ頭の中で、代数式からアルゴリズムを構築できているだけなのです。それでは、「実行可能な手順の順序集合」、つまりアルゴリズムでは、どのようになるのでしょう。その手順は、以下のように記述できます。

> 変数 C に与えられた数値（温度）に $\frac{9}{5}$ を乗じてから、その結果に 32 を加える。得られた最終的な結果を F に代入する。

乗算、除算、加算をそれぞれ１回ずつ行うだけですから、この計算プロセスが停止することは明らかです。

本章では、コンピュータプログラムで表わすアルゴリズムを考えるので、コンピュータプログラムで曖昧なく表現できる基本命令を、第３章で紹介した流れ図で記述すると、図表 7-1 のようになります。

ここで、コンピュータプログラムで曖昧なく表現できる基本命令とは、「四則演算」と「入出力」、そして値を変数に格納する「代入」です。「四則演算」命令と「入出力」命令は、多くのプログラミング言語でも「基本命令」といいます。そして、変数とは、記憶装置で、データを格納できる特定の記憶領域のことです。これに名前をつけてプログラム内の他の命令で扱うことができるようにします。上記の場合、C と F が変数の名前（変数名）です。

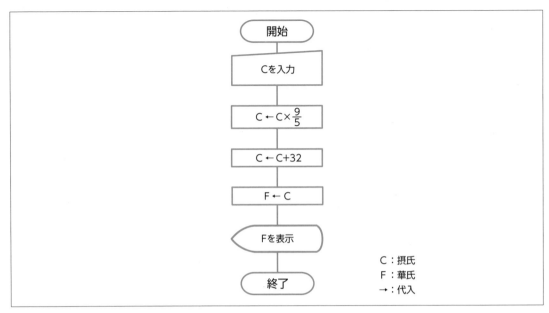

C：摂氏
F：華氏
→：代入

図表 7-1 摂氏で与えられた温度を華氏に変換するアルゴリズム

　このように、「開始」から「終了」まで、基本命令を1つずつ実行するアルゴリズムを**順次**といいます。摂氏で与えられた温度を華氏に変換するような「単純なアルゴリズム」は順次だけで表現できますが、一般的にはもっと複雑な処理が必要です。

アルゴリズムの検討と「分岐」

　次に、処理を進める際に「場合分け」が必要なケースについてみていきましょう。与えられた整数について、絶対値を表示するアルゴリズムを考えます（図表 7-2）。ユーザから受渡された整数は変数 a に格納されます。

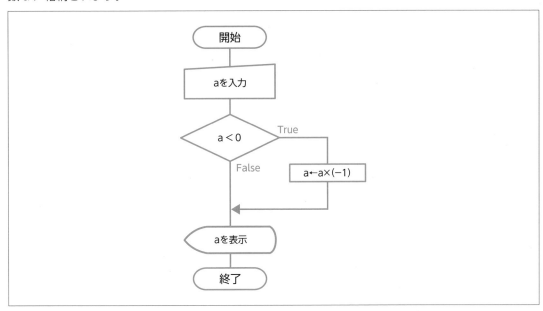

図表 7-2　与えられた数の絶対値を表示するアルゴリズム

　絶対値を計算する（－1 を乗じるのも計算です）アルゴリズムは単純なので、その重要性が実感できないかもしれません。そこで、もう少し複雑な問題を解くことによって、どのようなアルゴリズムを用いるのが適切かを考えることの重要性についてみていきましょう。

　以下の二次方程式を解くことを考えます。

　　$ax^2+bx+c=0$

　二次方程式の解の公式は、次のとおりです。

$$x = \frac{-b\pm\sqrt{b^2-4ac}}{2a}$$

　この公式から、図表 7-3 のようなアルゴリズムが考えられます。

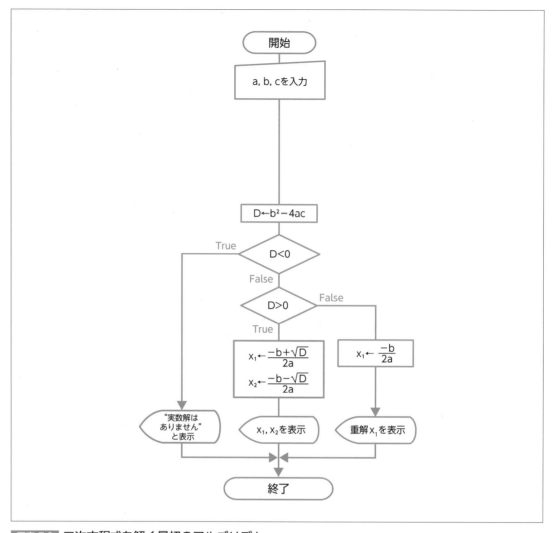

図表 7-3 二次方程式を解く最初のアルゴリズム

　図表 7-3 のアルゴリズムのとおりにプログラムを作成すると、エラーが発生することがあります。
　公式を用いて解を求めるときに変数 a で除算していますが、a の値が 0 のときに実行時エラー[1]が
発生してしまいます。x^2 の係数が 0 のため、a が 0 のときは一次方程式になるからです。二次方程式
ではないとして処理を拒否してしまってもよいのですが、ここでは、一次方程式も二次方程式の特殊
な場合として扱い、実行時エラーが発生しないようにします。修正したアルゴリズムは図表 7-4 に
なります。

---

[1] 実行できるプログラムであっても、実行時に 0 で割り算をすることはできないので、エラーとなります。

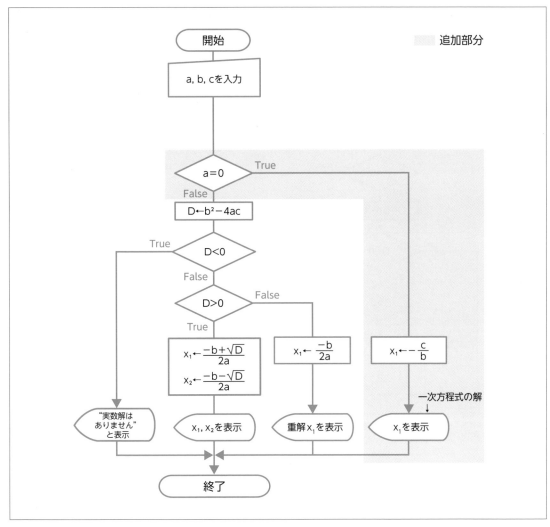

図表 7-4 二次方程式を解く修正したアルゴリズム

　これで完成かどうかを考えてみましょう。残念ながらこのアルゴリズムでも、このとおりにプログラムを作成するとエラーが発生することがあります。

　一次方程式を解く際に b で除算するので、b が 0 ではエラーになるため、この点を修正する必要があります。更に c が 0 かどうかで意味がないとき（両辺が 0 になるとき）と、間違っているとき（たとえば 2=0 のときなど）に場合分けをしてもよいのですが、実用上無意味なので、a と b がともに 0 のときは「入力エラー」と表示して終了させます。最終的に図表 7-5 のようにアルゴリズムが完成しました。

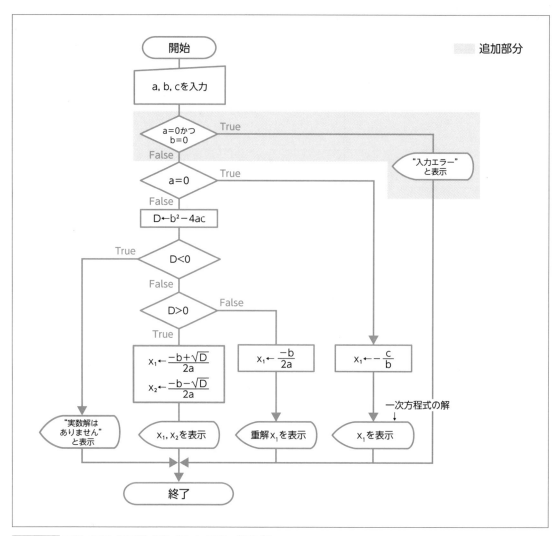

図表 7-5 二次方程式を解く完成したアルゴリズム

　このように、二次方程式を解くという比較的簡単なアルゴリズムでも、実際に記述すると、意外な落し穴にはまることがあります。プログラムを作成する前に、流れ図を用いてアルゴリズムを表現したうえで、細部まで確認することはとても重要です。

アルゴリズムの有効性と「繰返し」

　分岐を使うことによって、場合分けをした処理をみてきましたが、さきほどのアルゴリズムでは、1つの二次方程式しか解けません。

　コンピュータを使用する利点は、繰返し処理を忠実にこなしてくれるところにあります。繰返しのアルゴリズムについてみていきましょう。

1　1からNまでの和を求めるアルゴリズム

　1からNまでの自然数の和を求めるアルゴリズムを作成します。流れ図で繰返しを表現する方法には2種類あるので、それぞれを図表7-6に示します。

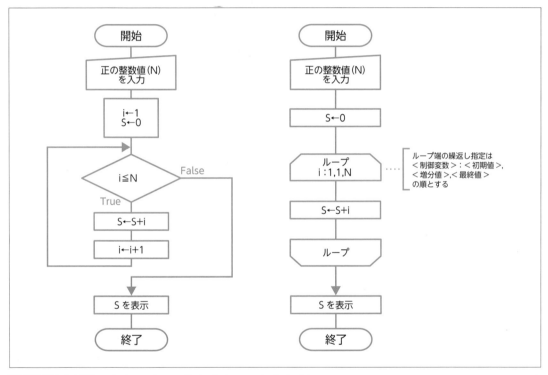

図表7-6 自然数1からNまでの和を求めるアルゴリズム

　ここでは回数を数えるカウンタをiとして、和をSとして定義しています。最初はi=1, S=0です。まず、iがN以下かどうかを判定します。Nの値が1かもしれませんが、等しい場合もTrue（真）の分岐で下に進みます。iの値をSに加えた後に、iの値に1を加えます。すると矢印に沿って再び条件判定に戻ります。iの値は2になっていますから、もしNの値が1であれば、iがN以下という条件判定がFalse（偽）になるので、加算処理にはいかず「Sを表示」に進んでアルゴリズムは終了します。

　Nが大きな値であれば、1, 2, 3,…とNまで順に繰り上げながら、その度にSにiを加えることで、1からNまでの和を求めていきます。いずれiの値はNより1つだけ大きくなるので、そこでアルゴリズムは終了です。最後にiの値はN+1になりますが、その値は加算されないことに注意してく

ださい。

　図表 7-6 のアルゴリズムでは、加算処理の前に条件判定をする「前判定」といわれる手法を用い
ましたが、処理の後に条件判定をする「後判定」といわれる手法を用いることもできます。後判定を
用いたアルゴリズムを図表 7-7 に示します。

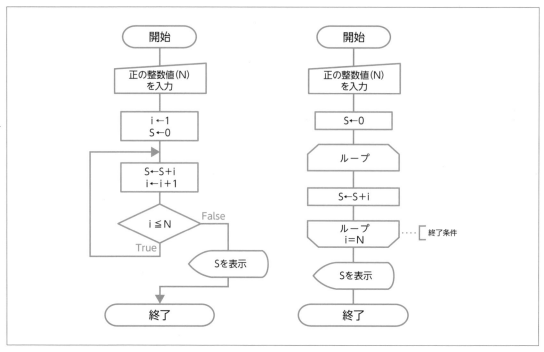

図表 7-7 後判定による自然数 1 から N までの和を求めるアルゴリズム

2　フィボナッチ数列を求めるアルゴリズム

　続いて、直観的には求められない複雑な数列を求めることで、繰返し処理の有効性を確認しましょ
う。ここで採用するのはフィボナッチ数列です。

　フィボナッチ数列とは、直前の数とその前の数を加算して求められる数を並べた数列で、次のよう
な漸化式で表すことができます。式に示すように、数列の 1 つ目の数（fib(1)）と 2 つ目の数（fib(2)）
は与えられます。

$$\begin{cases} fib(1)=1 \\ fib(2)=1 \\ fib(n)=fib(n-1)+fib(n-2) \qquad (n≧3) \end{cases}$$

つまり、フィボナッチ数列とは次のような数列になります。

　1, 1, 2, 3, 5, 8, 13, 21, 34, 55, 89, 144, 233, 377, …

第 20 項まで求めるアルゴリズムを、図表 7-8 に示します。

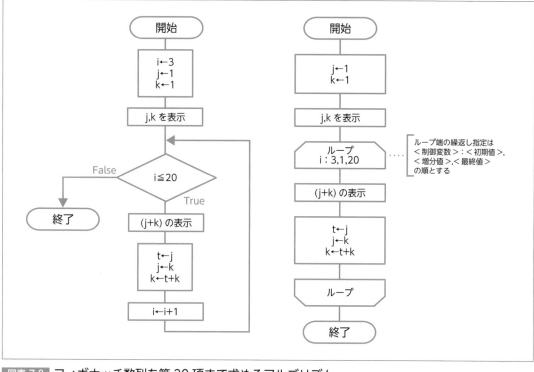

図表 7-8 フィボナッチ数列を第 20 項まで求めるアルゴリズム

3 何回でも繰り返し二次方程式を解くアルゴリズム

　最初から何回繰り返すかがわかっている問題であれば、回数を数えるカウンタを順に繰り上げる処理で対応できます。しかし繰返し処理の中には、何回繰り返すか前もってわからないことがあります。

　たとえば、宿題で二次方程式を解く問題が多数出たとします。一問ごとにプログラムを実行するのは効率がよくないので、ユーザが「終わり（quit）」と入力するまで何回でも繰り返すアルゴリズムにすることを考えます。

　このような場合、判定条件が False の間（quit と入力されない間）、つまり、ユーザが「quit」と入力するまで、何回でも繰り返し二次方程式を解くアルゴリズムを図表 7-9 に示します。アルゴリズムが煩雑になるので、第 3 章で学んだ「手続き呼出し」を用います。プログラミング言語には、このような構成を可能にする仕組みが組み込まれています。

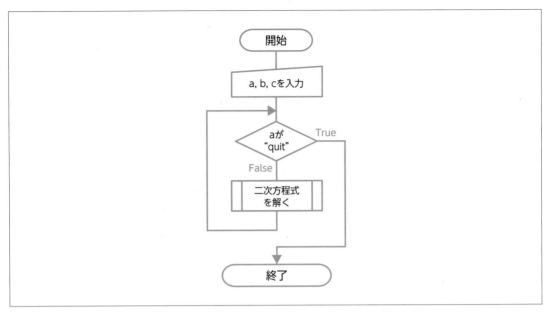

図表 7-9 "quit" と入力されるまで二次方程式を解き続けるアルゴリズム

　通常 abc には数字を入力するところ、a に数字ではなく quit と入力すると、True と判定され、このアルゴリズムは終了します。また、□□□□の定義済み処理で、図表 7-5 の二次方程式を解くアルゴリズムを呼び出しています。

バブルソート

　第3章で並び替えのアルゴリズムとしてバブルソートに触れましたが、このアルゴリズムの理解を深めるために、流れ図で表わしてみましょう。

　並べ替えるのは自然数なので、それらを配列中に格納します。

　配列とは、同じ種類のデータを格納する仕組みで、先頭のデータを0番目、次のデータを1番目というようにカウンタ（配列では添字といいます）を用いてアクセスできるようになっています。ここでは配列の名前を A として A[i] で i 番目のデータ（数）を表すことにします。つまり第3章の例（図表3-4）でいえば、初期状態が A[0]=54、A[1]=87、A[2]=29、A[3]=3 で、最終状態が A[0]=3、A[1]=29、A[2]=54、A[3]=87 です。このバブルソートのアルゴリズムを図表7-10に示します。第3章の例を参照しながら順を追って確認してみてください。

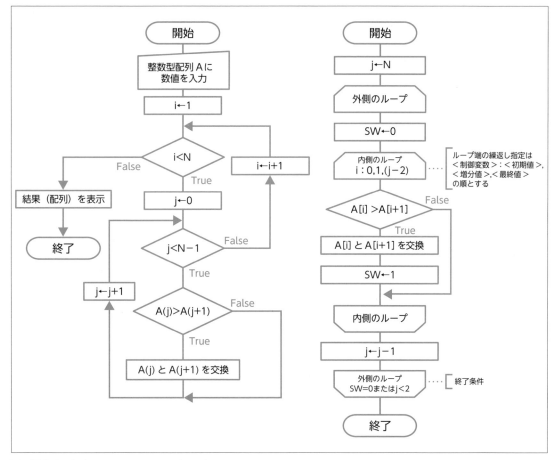

図表 7-10 バブルソートのアルゴリズム

アルゴリズムの効率性

現在のコンピュータは、一つひとつの命令を高速に処理できるので、適当にアルゴリズムを構成してもよいように思うかもしれません。しかし、コンピュータの発達にともない、データ量も増え、処理時間も長くなる傾向にあります。多量のデータを処理するとき、効率的なアルゴリズムと非効率なアルゴリズムでは目に見えて処理時間などに大きな差が生じることがあります。

ここでは、アルゴリズムの効率性について考えることにしましょう。

データの並びの中から特定のデータを選び出すというのは、日常的にコンピュータが行っている処理です。ATM でお金をおろすときも、コンピュータは、膨大なデータベースの中から口座番号を頼りに預金口座を特定しています。

ここでは、整数の配列の中に、与えられた数があるかないか、もしあるならば何番目にあるのかを特定するアルゴリズムについて考えます。このようなアルゴリズムを探索アルゴリズムといいます。

1 線形探索

最も単純なアルゴリズムは、先頭から順に見つかるまで調べる方法です。見つからないまま配列の最後まできてしまえば、その数はなかったということです。このように、先頭から順に調べる方法を**線形探索**といいます。どのように並んでいても対処できるので、データ数が少ないときには有効なアルゴリズムです。線形探索のアルゴリズムを図表 7-11 に示します。

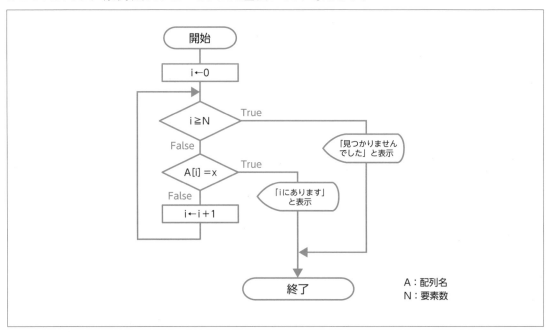

図表 7-11 線形探索のアルゴリズム

2 二分探索

線形探索のアルゴリズムは、わかりやすく、プログラミングも容易なのですが、配列が大きくなると時間がかかります。特に、先頭から順に調べて途中で見つからないときは、最後まで調べなければ

なりません。となると、もう少し効率的に見つける方法が必要です。データが昇順に並んでいることがわかっていれば、二分探索という方法を採用することができます。

> 二分探索とは、昇順に並んでいる配列の中央の値と探している値との大小関係を用いて、探している値が中央値の左にあるか、右にあるかを判断して、片側には存在しないことを確かめながらもう片方を探していく探索方法です。

二分探索のアルゴリズムを図表 7-12 に示します。

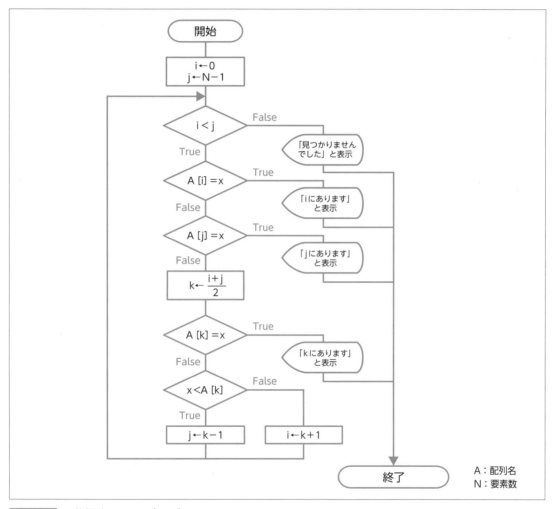

図表 7-12 二分探索のアルゴリズム

二分探索のアルゴリズムがどのように実行されるかを図表 7-13 で見ていきましょう。

たとえば、配列 A の中から x=25 を探すことにします。

最初に両端の値を調べます。両端 A[0] と A[9] にありません。そこで、$k = \dfrac{i+j}{2} = \dfrac{0+9}{2} = 4.5$ の小数点以下を切り捨てると、k = 4 となるため、中ほどの 5 番目（k=4）で配列を分割します。A[4] の値は 12 なので、x=25 があれば、分割した配列の右側に見つかるはずです。分割した配列の両端にもないので再度 8 番目（k=7）で分割します。A[7] の値は 22 ですから、まだ右側にある

127

はずです。すると分割した右側の配列の左端 i=8 で見つかりました。

　次に、x=10 を探すことにします。両端 A[0] と A[9] にはないので、中ほどの 5 番目（k=4）で配列を分割します。A[4] の値は 12 なので、x=10 があれば、分割した配列の左側に見つかるはずです。分割した配列の両端にもないので、再度 2 番目（k=1）で分割します。A[1] の値は 3 なので、今度は右側にあるはずです。この右側の配列は A[2]、A[3]（i=2, j=3）で、含まれる値はそれぞれ 5 と 11 です。両端にないので、再度分割すると、$k=\dfrac{i+j}{2}=\dfrac{2+3}{2}=2.5$ の小数点以下を切り捨てると k=2 となります。そして、A[2]=5 なので、x=10＞A[2] で i=k+1=3 となり、i=j=3 となってしまい、探索は失敗します。したがって、x=10 が配列にないことがわかります。

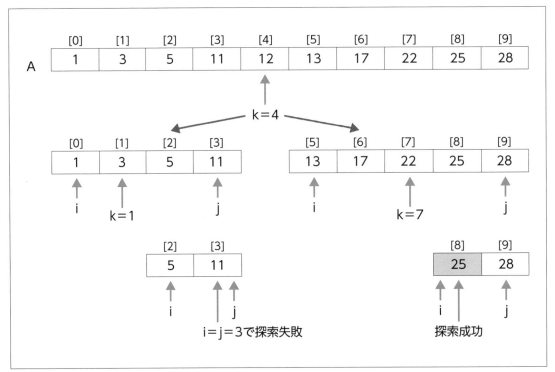

図表 7-13 二分探索の例

③ 線形探索と二分探索の比較

　線形探索と二分探索のアルゴリズムの効率性について考えてみましょう。

　線形探索のアルゴリズムは、先頭にあればすぐに見つかりますが、最後にあれば配列をすべて調べなければなりません。要素数を N として平均すると N/2 回になります。しかし、配列に含まれていない要素を探索するときは、毎回すべてを調べなければなりません。つまり N 回です。要素数に比例した回数を探索しなければならないことになります。このようなとき、「計算量（実行される命令の数）が N のオーダーである」といいます。

　二分探索は、両端になければ配列を半分に分割して、そのどちらか（右側か左側）だけを探索します。分割した配列の両端になければさらに半分に分割します。図表 7-13 の例では、x=25 を探すときは 3 回目で成功し、x=10 を探すときは 4 回目で失敗することがわかります。つまり要素数を N として、x がその中にあってもなくてもおおむね 2 を底とする N の対数 $\log_2 N$ に比例した回数で探索が終了

するのです。つまり計算量としての比較の回数は、$\log_2 N$ のオーダーです。

　明らかに二分探索の方がすぐれているように思えますが、必ずしもそうとはいい切れません。この方法を用いるためには、「データが昇順に並んでいることがわかっていれば」という条件が必要です。それでは、データを昇順に並べるにはどのくらいの時間がかかるのでしょうか。「並び替え」のアルゴリズムのうち、挿入ソートを使って、繰返しの回数を数えてみます。

　挿入ソートのアルゴリズムを図表 7-14 に示します。

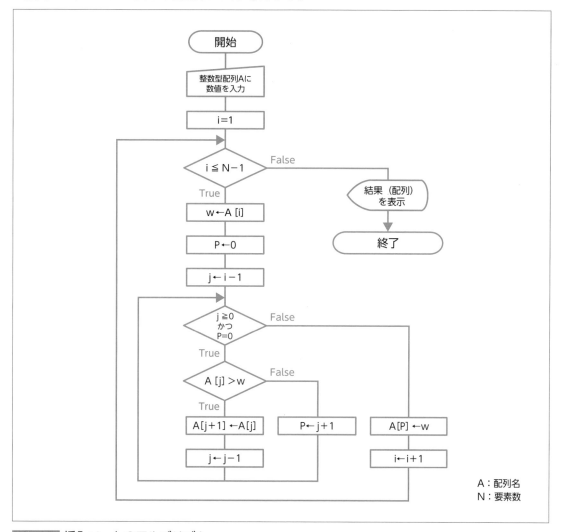

図表 7-14 挿入ソートのアルゴリズム

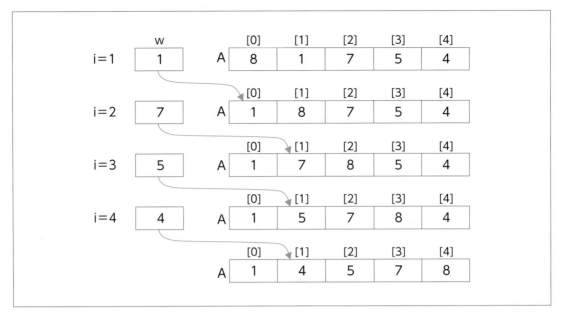

図表 7-15 挿入ソートの例

　図表 7-15 からわかるように、要素を 1 つずつ取り出しては、適切な場所に挿入しています。つまり、要素数を N として、全体で N−1 回の繰返しをしつつ、その中で i 番目の繰返しでは i 個の値から適切な場所を見つけるために、i 回の繰返しをしなければなりません。つまり全体では、以下の式のように N の二乗に比例した回数の繰返しが必要ということになります。このときの計算量は、最も影響の強い項をとって N^2 のオーダーとなります。

$$\sum_{i=2}^{N}(i-1) = \frac{1}{2}N(N-1) = \frac{1}{2}N^2 - \frac{1}{2}N$$

　それぞれのアルゴリズムの効率性を考えるにあたり、配列の長さとアルゴリズムの実行時間の関係を図表 7-16、7-17、7-18 に示します。図表 7-16 は、線形探索でのデータ量（配列の長さ）とアルゴリズムの実行時間の関係を表しています。データ量が増えるのに比例して同じように実行時間も増加します。図表 7-17 は、二分探索でのデータ量とアルゴリズムの実行時間の関係を表しています。データ量が増えるのに比べて実行時間はゆっくりと増加します。図表 7-18 は、挿入ソートでのデータ量とアルゴリズムの実行時間の関係です。データ量が増えると急激に実行時間がかかるようになります。

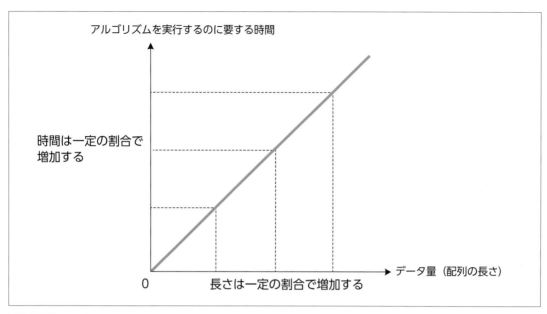

図表 7-16 線形探索の実行時間（繰返しの回数）

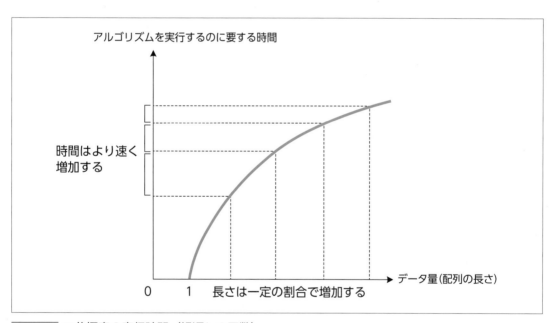

図表 7-17 二分探索の実行時間（繰返しの回数）

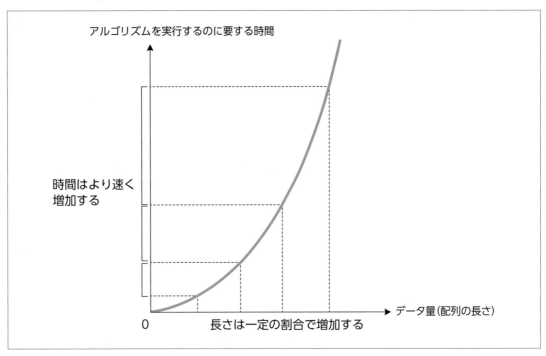

アルゴリズムを実行するのに要する時間

時間はより速く
増加する

データ量（配列の長さ）

0　　　　　　　　　長さは一定の割合で増加する

図表 7-18 挿入ソートの実行時間（繰返しの回数）

　このように並び替えには意外なほど時間がかかることがあります。データ数が少なければ、並び替える必要がない線形探索の方が有効です。データ数がどのくらいか、探索の回数がどのくらいか、データの挿入と削除（挿入によって順序が変動します）の頻度がどのくらいか等、多くの要因によって、どのアルゴリズムを使用するのが最も効果的かが決まってきます。

　ここでは挿入ソートを例にとりましたが、他の並び替えのアルゴリズムの中には、N log N のオーダーでデータの並べ替えを実行できるものもあります。しかし、いずれにしてもデータ量の増加よりも速く計算量は増加します。

アルゴリズムの正当性

　どれほど実行効率のよいアルゴリズムでも、正しい結果が保証されなければ意味がありません。最後に、アルゴリズムの正当性についてみていきましょう。

　たとえば、2 つの整数が与えられたとき、それらの最大公約数を求めることを考えます。

　このアルゴリズムは、**ユークリッドの互除法**として知られているものです。2 つの数の小さい方で大きい方を割り、余りが出たら、その余りで小さい方を割るという演算を繰り返して、割り切れたら終了というものです。図表 7-19 にユークリッドの互除法のアルゴリズムを示します。

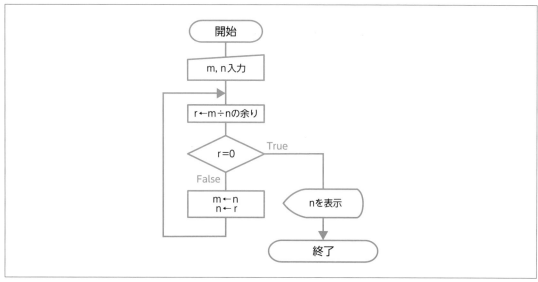

図表 7-19 ユークリッドの互除法のアルゴリズム

　ユークリッドの互除法の除算の手順を図表 7-20 に示します。ここで r_N が最大公約数です。このアルゴリズムが正しいことを証明しましょう。証明しなければならないことは 3 つあります。すなわち、① r_N が公約数であること、②公約数の中で r_N が最大であること、③このアルゴリズムが停止することです。順に見ていきましょう。

　一番下の 2 つの式から余りが 0 となるため、r_N が r_{N-1} と r_{N-2} を割り切ることがわかります。すると r_{N-3} も割り切ります。順に調べていくと、r_N は r_1 と r_2 も割り切り、つまり m と n を割り切ります。①が証明できました。

$$m = q_1 \times n + r_1$$
$$n = q_2 \times r_1 + r_2$$
$$r_1 = q_3 \times r_2 + r_3$$
$$r_2 = q_4 \times r_3 + r_4$$
$$\vdots$$
$$r_{N-3} = q_{N-1} \times r_{N-2} + r_{N-1}$$
$$r_{N-2} = q_N \times r_{N-1} + r_N$$
$$r_{N-1} = q_{N+1} \times r_N + 0$$

図表 7-20 ユークリッドの互除法の計算

　次に r_N が最大だということを調べます。他の任意の公約数を d とします。$m=q_1 \times n+r_1$ から、d は r_1 を割り切ります。更に $n=q_2 \times r_1+r_2$ から、d は r_2 も割り切ります。これを続けていくと最終的に $r_{N-2}=q_N \times r_{N-1}+r_N$ から、d は r_N を割り切ることがわかります。d は任意なので、r_N は最大公約数です。

　このアルゴリズムが停止することは容易にわかります。$m=q_1 \times n+r_1$ から、r_1 は 0 から $n-1$ の間にあることは明らかです。そして $n > r_1 > r_2 > \cdots > r_N$ なのですから、どんなに長くても N ステップ未満で r_N にたどり着くわけです。

　ユークリッドの互除法のアルゴリズムは単純な例です。すべてのアルゴリズムがこのように容易に

証明できるわけではありませんが、コンピュータシステムが社会に及ぼす影響が大きくなっている現在、コンピュータプログラムのアルゴリズムが正しいことを証明する「アルゴリズムの正当性」の問題は重要性を増しています。多くの研究者が、安全なソフトウェアを提供できるように日々努力を続けています。

練習問題

7-1

以下の流れ図の記号に関連する処理は何か。次の中から最も適切なものを選びなさい。

①	②	③	④
判断	ループ始端	定義済み処理	表示

7-2

以下の流れ図の記号に関連する処理は何か。次の中から最も適切なものを選びなさい。

①	②	③	④
判断	ループ終端	表示	結合子

7-3

2^{20} についてのオーダーの説明はどれか。次の中から最も適切なものを選びなさい。

①	②	③	④
10^3 のオーダー	10^6 のオーダー	10^9 のオーダー	10^{12} のオーダー

7-4

「すべての素数を列挙せよ。」は、どうしてアルゴリズムではないのか。次の中から最も適切な理由を選びなさい。

①	②	③	④
素数は無限にあることの証明ができないため。	素数は無限に存在し、全部を求めることはできないため。	素数には、規則性がなく、求める手順を定義することができないため。	素数は、数学での定義であり、コンピュータでは求めることができないため。

7-5

「コンピュータが顔認証をしてハンサムだったらログインさせる。」という処理をアルゴリズムとしては表わすことができない。次の中から、最も適切な理由を選びなさい。

①	②	③	④
コンピュータが顔認証をする際に、誤認識し人を間違えてしまうため。	コンピュータの処理速度が遅いため。	ログインをさせることが危険なため。	ハンサムという定義があいまいで、数値化されていないため。

7-6

ロボットによるウェイター（接客）が、客の風貌や客の脳波が測定できたとして適切な料理を提供することができるようになるか。次の中から、その理由も含め最も適切なものを選びなさい。

①	②	③	④
「できる。」ロボットに搭載している人工知能は万能なので客の懐具合や、好みを完全に判断することができるため。	「できる。」ロボットに客の風貌や客の脳波を入力することによって、「客の好み」に対する「適切な料理」というマッチングが数値化されていなくても、完全にアルゴリズム化できるため。	「できない。」ロボットに客の風貌や客の脳波を入力することによって、「客の好み」に対する「適切な料理」というマッチングが数値化されていなくても、完全にアルゴリズム化できるが、目の前にいる客が実際に、どのような気持ちであるかまでは、判断できないため。	「できない。」ロボットに客の風貌や客の脳波を入力することによって、「客の好み」に対する「適切な料理」というマッチングが数値化されていないので、アルゴリズム化できないし、目の前にいる客が実際に、どのような気持ちであるかまでも、判断できないため。

第 **8** 章

応用問題

本章では、実際に試行試験で問われた問題を紹介し、簡単に解説を加えます。

 第 1 問　選択問題（25 問）

1．エディタで記述したソースプログラムをコンピュータが実行できる機械語に翻訳するプログラムを何というか。次の中から最も適切なものを選びなさい。

①	②	③	④
インタプリタ	スクリプト	リンカ	コンパイラ

2．エディタで記述したプログラムを何というか。次の中から最も適切なものを選びなさい。

①	②	③	④
クラスプログラム	ソースプログラム	実行可能プログラム	ライブラリプログラム

3．コンピュータに対する命令を自然言語に近い文法により記述する言語を何というか。次の中から最も適切なものを選びなさい。

①	②	③	④
アセンブリ言語	スクリプト	リンカ	高水準言語

4．プログラムが正しく実行できるように修正していく作業を何というか。次の中から最も適切なものを選びなさい。

①	②	③	④
リンク	翻訳	コンパイル	デバッグ

5．2の補数表現において－1を8ビットの2進数で表現したものはどれか。次の中から選びなさい。

①	②	③	④
1111 0001	0000 0001	1111 1111	1000 0001

6．8進数の 144 は 10 進数ではいくつになるか。次の中から選びなさい。

①	②	③	④
100	144	64	32

7．16 進数の 64 は 10 進数ではいくつになるか。次の中から選びなさい。

①	②	③	④
32	100	144	64

8．2 進数の 11 は 10 進数ではいくつになるか。次の中から選びなさい。

①	②	③	④
32	3	11	17

9．プログラムを部品として分割する方法を何というか。次の中から適切でないものを選びなさい。

①	②	③	④
手続き	関数	継承	サブルーチン

10．四則演算をする演算子を何というか。次の中から最も適切なものを選びなさい。

①	②	③	④
代入演算子	論理演算子	関係演算子	算術演算子

11．値の大小を比較する演算子を何というか。次の中から最も適切なものを選びなさい。

①	②	③	④
関係演算子	代入演算子	算術演算子	論理演算子

12．関係演算子による演算結果の値の型はどれか。次の中から最も適切なものを選びなさい。

①	②	③	④
論理型	文字型	浮動小数点型	整数型

13．1ビットの演算において「1」と「0」との論理和の結果はどれか。次の中から最も適切なもの
を選びなさい。

①	②	③	④
1	0	2	3

14. 整数型変数に対して、左に 2 ビットシフトすると変数の値はどのように変化するか。次の中から最も適切なものを選びなさい。

①	②	③	④
1/4 倍	1/2 倍	2 倍	4 倍

15. 論理演算において演算結果が「真」となるのはどれか。次の中から最も適切なものを選びなさい。

①	②	③	④
「真」かつ「偽」	「偽」または「偽」	「真」の否定	「真」かつ「真」

16. 複数のデータ（値）が格納されているとき、先に入力したデータから順に出力することができるデータ構造の名称はどれか。次の中から最も適切なものを選びなさい。

①	②	③	④
配列	リスト	キュー	スタック

17. 複数のデータ（値）が格納されているとき、先に入力したデータを後で出力することができるデータ構造の名称はどれか。次の中から最も適切なものを選びなさい。

①	②	③	④
キュー	リスト	スタック	配列

18. 複数のデータ（値）が格納されているとき、鎖のようにつないで表現するデータ構造の名称はどれか。次の中から最も適切なものを選びなさい。

①	②	③	④
リスト	スタック	キュー	リンカ

19. 10 進数の 258 は 2 進数ではいくつになるか。次の中から選びなさい。

①	②	③	④
100000010	100000001	100000000	100000100

20. 10 進数の 1024 は 8 進数ではいくつになるか。次の中から選びなさい。

①	②	③	④
400	4000	2000	1000

21. 10 進数の 4096 は 16 進数ではいくつになるか。次の中から選びなさい。

①	②	③	④
400	800	200	1000

22. オペレーティングシステムの中心となる部分を何というか。次の中から最も適切なものを選びなさい。

①	②	③	④
インタプリタ	スクリプト	リンカ	カーネル

23. 記憶装置の大きさを示す 1GiB（ギビバイト）は、何MiB（メビバイト）か。次の中から選びなさい。

①	②	③	④
2^9	2^4	2^{10}	2^8

24. ASCII（文字コード表）で定義する文字 'A'（大文字の A）のコードを 16 進数で示すとどれか。次の中から選びなさい。

①	②	③	④
65	41	40	4A

25. コンピュータを構成する「5大装置ではない」ものはどれか。次の中から最も適切なものを選びなさい。

①	②	③	④
記憶装置	制御装置	転送装置	入力装置

解答・解説

1. ④

解 説

　プログラミングをする際は、ソースプログラム（原始プログラム）を機械語に翻訳し、実行形式ファイルを生成してプログラムを実行します。このときの機械語に翻訳するプログラムをコンパイラ（翻訳系）といいます（コンパイル方式）。

2. ②

解 説

　プログラミングをする際は、最初にソースプログラム（原始プログラム）を記述します。

3. ④

解 説

　コンピュータは、機械語しか解釈して実行することができません。しかし、人間が機械語を記述するのは非常に難しいので、プログラミングの際には人間にとって理解しやすい自然言語に近い形で命令を記述します。このような自然言語に近い文法による言語を高水準言語（高水準プログラミング言語）といいます。

4. ④

解 説

　プログラム中の誤りのことを虫（バグ、bug）といいます。誤り（バグ）を修正し、無くすことを「虫を除去する」という意味でデバッグ（debug）といいます。

5. ③

解 説

　−1を2の補数表現で表現するためには、00000001（8ビット）をビット毎に反転し（11111110となる）、1を加えることにより 11111111 となります。

6. ①

解 説

　8進数の144は、$1 \times 8^2 + 4 \times 8^1 + 4 \times 8^0 = 64 + 32 + 4 = 100$ で10進数に変換することができます。

7. ②

解 説

　16進数の64は、$6 \times 16^1 + 4 \times 16^0 = 96 + 4 = 100$ で10進数に変換することができます。

8. ②

解 説

2 進数の 11 は、$1 \times 2^1 + 1 \times 2^0 = 2 + 1 = 3$ で 10 進数に変換することができます。

9. ③

解 説

プログラム中で、手続きや関数は、プログラムとして「ある役割」をもった部品として定義する方法です。サブルーチンも手続きと同じような意味で、アセンブリ言語や FORTRAN というプログラミング言語で用いられました。継承は、オブジェクト指向言語でクラス同士の関係を表わす用語として用いますが、プログラムの部品ではありません。

10. ④

解 説

四則演算（加算、減算、乗算、除算）をする演算子は、算術演算子といいます。

11. ①

解 説

たとえば、変数 a より変数 b が大きいかどうかを比較する場合、a＞b と記述します。不等号（＜、＞）を用いて比較したり、等号（＝）を用いて比較する演算子を、一般に関係演算子、または比較演算子といいます。

12. ①

解 説

たとえば、変数 a より変数 b が小さいかどうかを比較する場合、a＜b と記述します。この演算結果は、真（True）か、偽（False）かの値となり、型としては論理型となります。

13. ①

解 説

2 進数のビット毎の論理演算では、「1」を真（True）、「0」を偽（False）として扱います。「1」（真）と「0」（偽）との論理和は、真となるので「1」が正解となります。

14. ④

解 説

たとえば、16 ビットを格納することができる整数型変数に整数値 3（0000000000000011）を格納するとします。左に 2 ビットシフトすると 0000000000001100 となり、整数値 12 となります。左に 2 ビットシフトすると 4 倍になることがわかります。

15. ④

「かつ」を示すものは論理積、「または」を示すものは論理和となります。真理表は、以下の通りとなり、「真」かつ「真」の場合のみ、演算結果が「真」となります。

＜真理表＞

P	Q	P かつ Q（論理和）	P または Q（論理和）	P の否定
真	真	真	真	偽
真	偽	偽	真	偽
偽	真	偽	真	真
偽	偽	偽	偽	真

16. ③

キューは、以下の様なデータ構造を示します。待ち行列ともいいます。

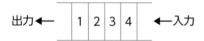

先に入力したデータ（この場合は 1）から順に出力することができるデータ構造を FIFO（First-In-First-Out）といいます。

17. ③

スタックは、以下の様なデータ構造を示します。

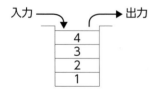

後に入力したデータ（この場合は 4）から順に出力することができるデータ構造を LIFO（Last-In-First-Out）といいます。

18. ①

解 説

リストは、以下の様なデータ構造を示します。

（1　2　3）というリスト

各データ（要素）は、ポインタで（鎖の様に）繋がれ表現されます。ポインタの指し示す先を切り替えることにより、繋がれている順番を容易に切り替えることができます。

19. ①

解 説

$$
\begin{array}{r}
2)\;258 \\
2)\;129 \quad \cdots\cdots 0 \\
2)\;64 \quad \cdots\cdots 1 \\
2)\;32 \quad \cdots\cdots 0 \\
2)\;16 \quad \cdots\cdots 0 \\
2)\;8 \quad \cdots\cdots 0 \\
2)\;4 \quad \cdots\cdots 0 \\
2)\;2 \quad \cdots\cdots 0 \\
1 \quad \cdots\cdots 0
\end{array}
$$

よって、2進数では、100000010 になります。

＜より簡単に＞

$256=2^8=100000000$ を覚えておけば、$258=256+2$ より、100000010 を計算することができます。

20. ③

解 説

$2\,)\ \ \ 1024$
$2\,)\ \ \ \ 512\ \ \cdots\cdots 0$
$2\,)\ \ \ \ 256\ \ \cdots\cdots 0$
$2\,)\ \ \ \ 128\ \ \cdots\cdots 0$
$2\,)\ \ \ \ \ \ 64\ \ \cdots\cdots 0$
$2\,)\ \ \ \ \ \ 32\ \ \cdots\cdots 0$
$2\,)\ \ \ \ \ \ 16\ \ \cdots\cdots 0$
$2\,)\ \ \ \ \ \ \ \ 8\ \ \cdots\cdots 0$
$2\,)\ \ \ \ \ \ \ \ 4\ \ \cdots\cdots 0$
$2\,)\ \ \ \ \ \ \ \ 2\ \ \cdots\cdots 0$
$\ \ \ \ \ \ \ \ \ \ \ \ 1\ \ \cdots\cdots 0$

よって、2進数では、10000000000 になり、8進法では 3 桁ごとに区切って、2000 となります。

＜より簡単に＞

1024＝2^{10}＝10000000000 を覚えておけば、8 進数では、3 桁ごとに区切って、2000 を計算することができます。

21. ④

解 説

$2\,)\ \ \ 4096$
$2\,)\ \ \ 2048\ \ \cdots\cdots 0$
$2\,)\ \ \ 1024\ \ \cdots\cdots 0.$
$2\,)\ \ \ \ 512\ \ \cdots\cdots 0$
$2\,)\ \ \ \ 256\ \ \cdots\cdots 0$
$2\,)\ \ \ \ 128\ \ \cdots\cdots 0$
$2\,)\ \ \ \ \ \ 64\ \ \cdots\cdots 0$
$2\,)\ \ \ \ \ \ 32\ \ \cdots\cdots 0$
$2\,)\ \ \ \ \ \ 16\ \ \cdots\cdots 0$
$2\,)\ \ \ \ \ \ \ \ 8\ \ \cdots\cdots 0$
$2\,)\ \ \ \ \ \ \ \ 4\ \ \cdots\cdots 0$
$2\,)\ \ \ \ \ \ \ \ 2\ \ \cdots\cdots 0$
$\ \ \ \ \ \ \ \ \ \ \ \ 1\ \ \cdots\cdots 0$

よって 2 進数では、1000000000000 になり、16 進数では、4 桁ごとに区切って、1000 となります。

<より簡単に>

4096=2^{12}=1000000000000 を覚えておけば、16 進数では、4 桁ごとに区切って、1000 を計算することができます。

22.④

解 説

オペレーティングシステムの中心となる処理を実現する部分をカーネル（核、Kernel）といいます。

23.③

解 説

1GiB=1024 MiB=2^{10}MiB となります。

24.②

解 説

ASCII より、文字 'A' を示す文字コードは、16 進数で 41 です。10 進数では、65 になります。

<ASCII >

	0	1	2	3	4	5	6	7
0	NUL	DLE	SP	0	@	P	`	p
1	SOH	DC1	!	1	A	Q	a	q
2	STX	DC2	"	2	B	R	b	r
3	ETX	DC3	#	3	C	S	c	s
4	EOT	DC4	$	4	D	T	d	t
5	ENQ	NAC	%	5	E	U	e	u
6	ACK	SYN	&	6	F	V	f	v
7	BEL	ETB	'	7	G	W	g	w
8	BS	CAN	(	8	H	X	h	x
9	HT	EM	)	9	I	Y	i	y
A	LF/NL	SUB	*	:	J	Z	j	z
B	VT	ESC	+	;	K	[	k	{
C	FF	FS	,	<	L	¥	l		
D	CR	GS	-	=	M	]	m	}
E	SO	RS	.	>	N	^	n	~
F	SI	US	/	?	O	_	o	DEL

25. ③

コンピュータを構成する５大装置は、以下の５つの装置です。

入力装置、出力装置、記憶装置、制御装置、演算装置

第 2 問　読解問題

ここでは、読解問題を紹介します。

2-1 素因数分解

以下の流れ図は、整数値 n を入力としたアルゴリズムを示したものである。以下の説明で最も適切なものを選択せよ。

【アルゴリズム】

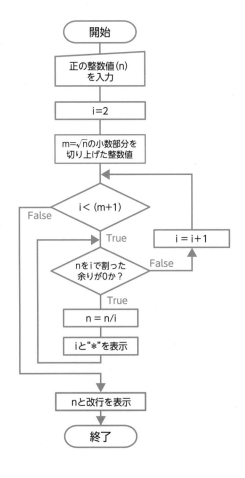

【選択肢】

① ｎは、素数かどうかを判定し結果を表示する。

② ｎは、２の累乗かどうかを判定し結果を表示する。

③ ｎを素因数分解したときの因数を表示する。

④ ｎの約数を求め表示する。

③

解　説

　このアルゴリズムは、入力値（n）に対して、２（i）から順に割算を行い、割り切れる間は繰り返し（①）、割り切れなくなったら、次の値（i+1）を試します。m=「$\sqrt{n}$ の小数部分を切り上げた整数値」とすると、i が m になるまで繰り返します。

　①の繰返しは、ｎを i で割った余りが０の場合（割り切れた場合）、i を表示し、n＝n／i を処理します。ｎを i で割り切れなかったら、i＝i＋1として繰り返します。

　たとえば、入力値を 368 とすると、$\sqrt{368}$ ≒19.18332 より、i=20 まで繰り返します。

＜i=2＞

i=2 のとき、368 ÷ 2=184　　余り０→２を表示

i=2 のとき、184 ÷ 2=92　　余り０→２を表示

i=2 のとき、92 ÷ 2=46　　余り０→２を表示

i=2 のとき、46 ÷ 2=23　　余り０→２を表示

i=2 のとき、23 ÷ 2=11　　余り１（割り切れない）

＜i=i+1＞とする。

i=3 のとき、23 ÷ 3=7　　余り２（割り切れない）

＜i=i+1＞とする。

i=4 のとき、23 ÷ 4=5　　余り３（割り切れない）

＜i=i+1＞とする。

i=5 のとき、23 ÷ 5=4　　余り３（割り切れない）

　　　⋮

i=20 まで割り切れない→　　23 を表示

以上より、「2*2*2*2*23」を表示します。

第3問　穴埋め問題

本節では、穴埋め問題を紹介します。

3-1 LED の制御

LED の制御を行うプログラムがある。10 ミリ秒ごとに LED に明るさの値 (out_light) を出力し続ける。

LED に出力する明るさの値は最大で 255（最も明るい）であり、0 を出力すると消灯する。

スイッチ（SW）が ON であれば点灯し、OFF であれば消灯する。

スイッチを切り替えたときは、1000 ミリ秒かけてゆっくり点灯したり消灯したりするために、LED に少しずつ明るさを変えた出力を行う。そのため、システム内部では、LED の明るさの調整値を 0 から 1000 の値をとる counter に保持している。これを 0 から 255 に変換した値を out_light に保持し、この値を LED に出力する。

システムは無限ループしており、10 ミリ秒ごとにスイッチの状態を読み込み、LED に明るさの値を出力する。

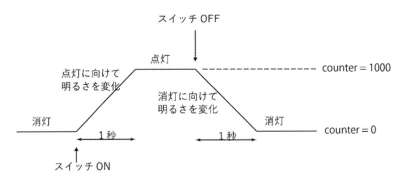

図 1　スイッチ　ON/OFF の動作

明るさが変化している途中でスイッチが切り替わったときは、同様の速度で明るさは変化する。

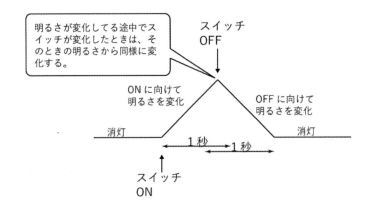

図 2　明るさが変化している途中でスイッチを切り替えたときの動作

以下の流れ図の空欄【1】～【3】に入る最も適切なものを選択せよ。

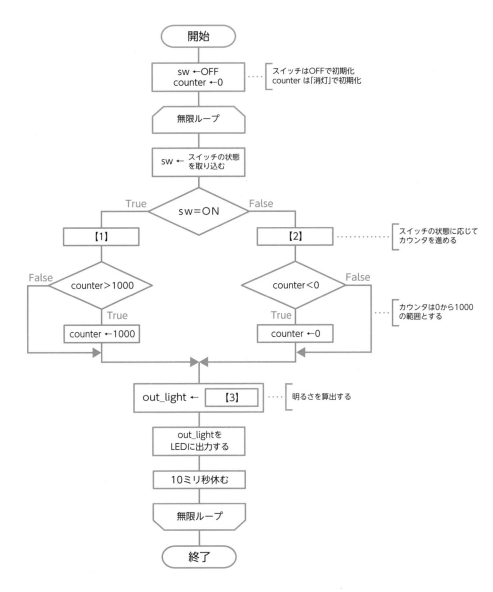

※　ただし、流れ図の中の繰返しが無限ループのため、「終了」に至ることはない。

【選択肢】

【1】　① counter ← counter +10　　② counter ← counter −10

　　　③ counter ← 0　　　　　　　　④ counter ← 1000

【2】　① counter ← counter +10　　② counter ← 0

　　　③ counter ← 1000　　　　　　④ counter ← counter −10

【3】　① $\dfrac{counter}{1000} \times 255$　　② $\dfrac{1000-counter}{1000} \times 255$

　　　③ $\dfrac{counter}{1000} \times 0$　　　④ $\dfrac{1000-counter}{1000} \times 0$

解 答

【1】 ①　　【2】 ④　　【3】 ①

解 説

　LED のスイッチの状態を繰り返し取得し、ON の場合と OFF の場合でゆっくり点灯したり、消灯したりする制御を行います。

　流れ図より、スイッチが ON のとき、変数 counter の値を 10 増やし（【1】 ①）、スイッチが OFF のとき、変数 counter の値を 10 減らす処理（【2】 ④）を行います。

　変数 counter の値を 10 増やす場合と、10 減らす場合で、各々 1000 を超えたり、0 を下回ったりする場合は、上限を 1000、下限を 0 とします。

　スイッチの状態が ON の場合も、OFF の場合も、変数 counter の値から明るさを算出し（【3】）、値を out_light に代入し、LED に出力します。

　明るさの算出は、③、④は、値が 0 になるため不適当であり、②は、counter を 1000 から引いた値で計算しているため、不適当です。したがって、【3】は①が正解です。

3-2 フィギュアスケート国際競技の採点

　フィギュアスケート国際競技の採点では、最大 9 名の審判員が要素ごとにそれぞれ評価を行い、最も高い得点と最も低い得点を除いた平均点がその要素の得点となる。たとえば、10 点満点のスケーティング・スキルについて 9 名の審判員が表 1 のように採点したとすると、この選手のスケーティング・スキルの得点は最高点である 10.00 点を 1 つと最低点である 9.50 点 1 つを除いた 7 つの得点の平均を求め 9.71 となる。

表 1　ある選手のスケーティング・スキルの得点

審判 1	審判 2	審判 3	審判 4	審判 5	審判 6	審判 7	審判 8	審判 9
10.00	9.75	10.00	9.75	9.75	9.50	9.50	9.75	9.50
最高点		最高点			最低点	最低点		最低点

　9 人の審判員の得点が与えられたとき、得点を変数 score に求めるアルゴリズムである。

　審判員の得点は、添字を 0 からはじめる配列 each_score に格納するものとする。なお、最高点と最低点を求める副プログラムが与えられ、呼び出すことができる。

以下の流れ図の空欄【1】〜【3】に入る最も適切なものを選択せよ。

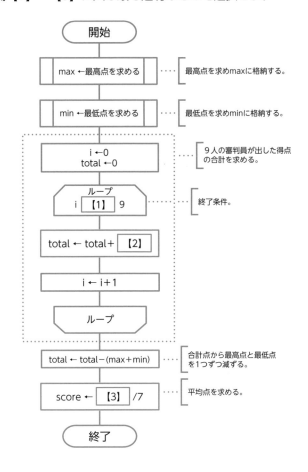

【選択肢】

【1】 ① ≦   ② ≧   ③ <   ④ >

【2】 ① total[i]   ② each_score[i]   ③ total   ④ each_score

【3】 ① score   ② max   ③ min   ④ total

解 答

【1】 ②   【2】 ②   【3】 ④

解 説

　フィギュアスケート国際競技の採点において、合計点と平均点を求める問題です。ただし、最高点一つと最低点一つは、合計点と平均点を求める際には、加味しません。

　最高点、最低点は、別に定義された手続きで各々変数 max、min に格納します。

　次に、合計点を求めるために、変数 i=0、変数 total=0（合計点）と初期化し、繰り返します。配列 each_score は、添字が 0 から始まるので、「i≧9」でない間（i<9 の間）（【1】②）繰り返し、配列 each_score[i] の値を変数 total に足し込んでいます（【2】②）。

　繰返しが終了すると、変数 total に合計値が代入されますので、平均は、total/7 で求めることができます（【3】④）。

練習問題略解

第 0 章

0-1　③
0-2　④
0-3　②

第 1 章

1-1　③
1-2　②
1-3　②
1-4　③
1-5　③
1-6　②
1-7　②
1-8　④
1-9　②
1-10　②
1-11　③
1-12　③
1-13　②
1-14　②

第 2 章

2-1　③

2-2　③

2-3　④

2-4　③

2-5　①

2-6　④

第3章

3-1　③

3-2　①

3-3　②

3-4　④

3-5　②

3-6　③

3-7　②

第4章

4-1　③

4-2　③

4-3　①

4-4　③　一般的な構造というのは、数学的にはどのような構造も含むといった意味になりますので、
　　　　複雑な構造ということになります。

4-5　①

4-6　①

第5章

5-1　①

5-2　④

5-3　③

5-4　②

5-5　①

5-6　③

5-7　④

5-8　③

ex

練習問題略解

5-9　①
5-10　②
5-11　③
5-12　④

第6章

6-1　②
6-2　④
6-3　②
6-4　③
6-5　④
6-6　②
6-7　②

第7章

7-1　②
7-2　①
7-3　② 2の20乗は、大体100万であり100万のオーダーとなるため、10の6乗（10^6）のオーダーとなります。
7-4　②
7-5　④
7-6　④

練習問題略解

Index

書籍の正誤についてのお問合わせ

　万一誤りと疑われる箇所がございましたら、以下の方法にてご確認いただきますよう、お願いいたします。

　なお、正誤のお問合わせ以外の書籍内容に関する解説・受験指導は、**一切行っておりません。**そのようなお問合わせにつきましては、お答えいたしかねますので、あらかじめご了承ください。

□正誤表の確認方法

　TAC出版書籍販売サイト「Cyber Book Store」のトップページ内「正誤表」コーナーにて、正誤表をご確認ください。

　URL:https://bookstore.tac-school.co.jp/

□正誤のお問合わせ方法

　正誤表がない場合、あるいは該当箇所が掲載されていない場合は、書名、発行年月日、お客様のお名前、ご連絡先を明記の上、下記の方法でお問合わせください。

　なお、回答までに1週間前後を要する場合もございます。あらかじめご了承ください。

・e-mailにて問合わせる　　syuppan-h@tac-school.co.jp

お電話でのお問合わせは、お受けできません。

にっしょう　　　　　　　　　　　　　　けんていベーシック
日商プログラミング検定BASIC
こうしき　　　　　　　　　　　　しんそうばん
公式ガイドブック　新装版

2019年10月31日　初　版　第1刷発行
2023年3月25日　新装版　第1刷発行

編　著　者	日 本 商 工 会 議 所 プログラミング検定研究会
発　行　者	多　田　敏　男
発　行　所	TAC株式会社　出版事業部 （TAC出版）

〒101-8383
東京都千代田区神田三崎町3-2-18
電　話 03(5276)9492(営業)
FAX 03(5276)9674
https://shuppan.tac-school.co.jp

印　　　刷	株式会社　ワコープラネット
製　　　本	東京美術紙工協業組合

© JCCI 2023　　　Printed in Japan

ISBN 978-4-300-10617-4
N.D.C. 007